目　录

9787101084856
U0718047

第三单元 学校礼仪

第四单元 家庭礼仪

第五单元 公共礼仪

出版说明

　　礼仪是人类在社会交往活动中形成的应共同遵守的行为规范和准则。加强中小学文明礼仪教育，对于提高中小学生的思想道德修养，构建社会主义和谐社会，提升全民族的文明素质，增强国家的文化软实力具有非常重要的意义。2011年，教育部印发了《中小学文明礼仪教育指导纲要》。《纲要》明确了中小学文明礼仪教育的总目标，指出"主要内容包括基本的谈吐、举止、服饰等个人礼仪，以及在家庭、校园、公共场所等社会生活领域的交往礼仪"。为了落实《纲要》精神，我们组织编写了这本《中华礼仪校园读本》。

　　本书是中小学生学习礼仪的基本用书。本书的编写紧紧围绕弘扬优秀的中华传统礼仪这一主线展开，内容编排以贴近生活、贴近实际、贴近学生为原则，重视将优秀的中华传统礼仪融入当今中小学生的日常行为规范之中，以向他们普及最基本的礼仪常识为目标。在内容编排方面，本书侧重突出礼仪的日常实践与运用，突出礼仪的规范性和实操性。同时，考虑到中小学生的认知水平和接受能力，全书设计了"礼仪小常识""礼仪名言录""礼仪小贴士""少年学养篇""礼仪故事吧"等环节，作为各单元和各课礼仪规范的延伸和拓展，力求将生硬的、刻板的礼仪生活化、具象化，在不失科学水准和专业水准的前提下，增强本书的趣味性和可读性。

　　本书最大的特点是，适应当下礼仪教育进课堂之急需，将礼仪课时化。全书六个单元，每个单元分设三至六课，总计二十五课，从个人、学校、家庭到社会，循序渐进、深入浅出地向中小学生普及礼仪规范。我们建议，本书的课堂教学以学生自学为主，教师可以机动灵活地安排课时。教师还可以以礼仪活动和社会实践为抓手，适当地把礼仪课程教学搬到课堂之外进行，将礼仪教学情景化、生活化，以期取得良好的教育效果。

　　本书除可作为校本教材供学校思想品德课使用外，还可作为选修教材、学生读本供学生课内、课外自修使用，同时也可作为礼仪指南供教师指导学生、家长教导子女使用，也可作为参考图书供共青团、少先队、学生会和青年社团等组织的从业人员案头使用。

　　我们期望本书的出版，能使中小学生切实掌握最基本的仪表礼仪、学校礼仪、家庭礼仪、公共礼仪和社交礼仪，提升个人礼仪修养，提高个人社会交往能力，养成良好的学习生活习惯，具备基本的文明素养，成为一个讲文明、懂礼貌的现代人。同时，我们也期望本书的出版，有助于进一步加强和改进未成年人思想道德建设，全面提高中小学生思想道德水平；有助于中小学校全面落实素质教育，推动校园文化建设，培养出更多的合格的、品学兼优的社会主义建设者和接班人。

中华书局编辑部

2012 年 8 月

礼仪介绍

  中国是一个有五千多年历史的文明古国，以"礼仪之邦"闻名于世，传统礼仪文化源远流长，尚礼之风流传百世。礼仪是中华文明的标志。

  孔子说："不学礼，无以立。"不学礼，不知礼，就无法在社会上安身立命，有"礼"走遍天下，无"礼"寸步难行。在日常生活中，学会自信与微笑，文明处事，礼貌待人，这是同学们走向成功的起点。

第一课 什么是礼仪

礼仪是在人际交往中，以一定的、约定俗成的程序、方式所表现出的律己、敬人的过程，它是一个人的内在修养和素质的外在表现。青少年学生掌握中华传统礼仪，在学习、生活中认真践行文明礼仪规范，是非常重要的人生必修课。

一、礼仪是什么

中国是一个有五千多年历史的文明古国，是一个讲究礼仪的国度，以"礼仪之邦"闻名于世。早在先秦时代，我们的祖先就建立了一套完备的礼仪。周公的"制礼作乐"和孔子哀叹的"礼崩乐坏"，都说明了这一事实。礼仪作为中国传统文化的一个重要组成部分，以其丰富的内容、高尚的准则和完备的体系对中国社会和历史的发展产生了广泛而深远的影响。礼仪是律己、敬人的一种行为规范，对于每个炎黄子孙来说，礼仪更多时候体现的是一个人的修养和品位。

在中国古代，人们对礼仪给出了三个最为经典的解释，孔子认为："礼也者，理也。"他认为礼是为人处世的道理。荀子主张："礼者，养也。"他认为礼体现着一个人的教养。汉代许慎解释道："礼者，履也。"他认为礼是做人的规矩。

礼仪小常识

中国古代的"礼"和"仪"，实际是两个不同的概念。"礼"是制度、规则和一种社会意识观念；"仪"是"礼"的具体表现形式，它是依据"礼"的规定和内容，形成的一套系统而完整的程序。现代"礼"和"仪"充分融合，逐渐合成一个词：礼仪，意思是"礼节和仪式"。中国现代礼仪虽然与古代礼仪已经有了很大的区别，但是是从古代礼仪脱胎而来的，继承了古代礼仪中一些具有普适意义和历史共存意义的精华部分。

因此，可以这样定义：礼仪是指人们在社会人际交往中因风俗习惯、历史传统、时代发展、宗教信仰等因素的影响而形成、并被人们所认同和遵守的行为准则和规范。

礼仪，是道德的一种具体表现形式，是一个人的素质、修养乃至道德水准的体现。孔子说："少成若天性，习惯如自然。"意思是说从小培养一个人的礼仪，才能形成良好的文明习惯。表面看，礼仪似乎只是个人穿着打扮、举手投足的小事小节，但其实这些小事小节却能显示出一个人的精神风貌，体现出个人文化素质和人格修养。既然礼仪是约定俗成的规范准则，在具体人际交往时，同学们就必须做到"有所为"和"有所不为"。同学们应该明白，哪些事情可以做，哪些事情不能做，把可以做的事情做好。

同学们，让我们从现在做起，从身边的每一件小事做起，从规范自己的言行举止做起，让自己更加自信和得体。

二、礼仪的作用

当前，随着中国经济的发展和社会的进步，学礼仪、讲礼仪、用礼仪蔚然成风。对同学们来讲，礼仪是健康成长的养分，是道德修养的体现，是未来发展的基础，礼仪有助于维护同学们自身的形象。一名学礼仪、讲礼仪、用礼仪的学生，就是一名有修养的好学生。

礼仪是协调、处理人际关系的润滑剂，它的作用主要表现在以下几个方面：

尊重作用。一个人通过礼仪向对方表示敬意，同时对方也还之以礼，礼尚往来，有礼仪的交往行为，蕴含着彼此的尊敬。

约束作用。礼仪一经制定和推行，久而久之，便成为社会的习俗和行为规范。礼仪作为行为规范，对人们的社会行为具有很强的约束作用。任何一个生活在某种礼仪习俗和规范环境中的人，都自觉或不自觉地受到礼仪的约束，能接受礼仪约束的人是有修养的人。对于不愿意接受礼仪约束的人，社会就会以道德和舆论的手段约束他，甚至以法律的手段迫使他接受礼仪的约束。

教化作用。礼仪作为一种道德习俗，它对社会全体成员都有教化作用。礼仪的教化作用主要表现在两个方面：一方面是礼仪的尊重作用和约束作用。另一方面，礼仪本身是文化传统的重要组成部分。在社会发展中，礼仪的教化作用具有极为重要的意义。

调节作用。礼仪有调节人际关系的作用。礼仪作为一种规范、程序，作为一种文化传统，一方面对人们之间的相互关系模式起着规范、约束和及时调整的作用，另一方面某些礼仪形式、礼仪活动可以化解矛盾，建立新的关系模式。由此可见，礼仪在处理一般人际关系和发展健康的人际关系中，具有十分重要的作用。

对于中小学生而言，礼仪有助于提升个人修养。同学们如果能自觉地讲礼仪、用礼仪，将有助于维护个人形象、家庭形象、学校形象，乃至民族形象与国家形象；一个懂规矩、讲规矩、守规矩的人，就是一个有修养的人，一个讲礼仪的人。礼仪有助于改善同学们的人际关系。一个人的成功，更多的是靠他出色的社会交往能力。在人际交往中讲礼仪、用礼仪，无疑将有助于同学们处理好人际关系，进而得到社会认可，获得个人大发展。

三、中华传统礼仪

中华传统礼仪源远流长，早在西周时期，中国的传统礼仪就已十分完备，周代的礼仪制度被后世奉为"古制"，其基本内容延续了上千年。

《周礼》一书确定了中国古代礼仪制度的基本结构，将"礼"划分为五类，

礼仪小常识

何谓"三礼"？"三礼"是指《周礼》《仪礼》《礼记》三本书。它们体系精深，内容丰富，是我国古代最著名的礼学经典，是周秦、秦汉之际礼乐制度、政治制度的集中反映，是后世统治者制定礼乐制度的依据。其中所记载的某些礼仪至今仍有生命力。

称为"五礼"，祭奠之事为吉礼，丧葬之事为凶礼，军旅之事为军礼，宾客之事为宾礼，冠婚之事为嘉礼。 其中嘉礼是古代礼仪中内容最丰富的部分，上至王位承袭，下至乡饮酒礼，无所不包，主要内容有婚礼、冠礼、射礼、飨礼、宴礼、贺庆礼等。

中国素称"礼仪之邦"，出行有礼，坐卧有礼，宴饮有礼，婚丧有礼，寿诞有礼，祭祀有礼，征战有礼，"礼"在传统社会无时不在。日常生活中的传统礼仪主要有以下几项：

行走之礼。在行走过程中要注意人际关系的处理，因此有行走的礼节。古代常行"趋礼"，即地位低的人在地位高的人面前走过时，一定要低头弯腰，以小步快走的方式对尊者表示礼敬，这就是"趋礼"。传统行走礼仪中，还有"行不中道，立不中门"的原则，即走路不可走在路中间，站立不可站在门中间，这样既表示对尊者的礼敬，又可避让行人。

见面之礼。人们日常见面既要态度热情，也要彬彬有礼。在什么样的场合见什么人，都有一定的规矩。比如，一般性的打招呼，在传统上行拱手礼，拱手礼是最普通的见面礼仪。到别人家做客，在进门与落座时，主客相互客气行礼谦让，这时行的是作揖之礼，称为"揖让"。作揖礼在日常生活中为常见礼仪，向人致谢、祝贺、道歉及托人办事等常行作揖礼，身份高的人对身份低的人的回礼也常行作揖礼。传统社会对至尊者还有跪拜礼，即双膝着地，头手触地叩拜，即所谓叩首。在当今社会，人们相见，一般习用西方社会传入的握手礼。

入坐之礼。传统社会礼仪秩序井然，坐席有主次尊卑之分，尊者上坐，卑者末坐。什么样的身份坐什么位置，都有一定的规矩，如果坐错席位，不仅主人尴尬，自己事后也会为失礼之事追悔莫及。如果自己不能把握坐何种席次，最好的办法是听从主人安排。室内座次以东向为尊，即贵客坐西席上，主人一般在东席上作陪。年长者可安排在南向的位置，即北席。陪酒的晚辈一般在北向的位置，即南席。有贵客光临，应该立刻起身致意。

饮食之礼。饮食礼仪在中国文化中占有极重要的地位。秦代之前，人们"以飨燕之礼，亲四方之宾客"，后代聚餐会饮也非常讲究礼仪。迎宾的宴饮称为"接风""洗尘"，送客的宴席称为"饯行"。宴饮之礼无论迎送都离不开酒品，"无酒不成礼仪"。宴席上饮酒有许多礼节，客人需待主人举杯劝饮之后，方可饮用，所谓"与人同饮，莫先起觞"。客人如果要表达对主人盛情款待的谢意，也可在宴饮的中间举杯向主人敬酒。在宴饮过程中，同样先由主人执筷劝食，客人方可动筷，所谓"与人共食，慎莫先尝"。古代还有一系列宴饮规则，如"当食不叹""毋投骨于狗"等，主客相互敬重，营造和谐宴饮、文明宴饮的良好氛围。

拜贺庆吊之礼。中国自古是一个人情社会，人们相互关怀、相互体恤，围绕着一个人的诞生、成年、婚嫁、寿庆、死亡等若干节点，形成了一系列人生礼仪。拜贺礼一般行于节庆期间，是晚辈或地位较低的人向尊长的礼敬，同辈之间也有相互的拜贺。庆吊之礼，主要行于人生大事中。诞生礼的隆重热闹自不必说，小孩长大成人时要行成年礼——冠笄之礼。男子20岁行加冠礼，表示他有了结婚、承担社会事务的资格；女子15岁行加笄礼，表示她到了出嫁的年龄。婚嫁是人生的大事，传统婚礼有六道程序，所谓"周公六礼"，即纳采、问名、纳吉、纳征、请期、亲迎等。新婚夫妇拜堂之后入洞房，行结发礼与合卺礼。大婚之日，亲友前来恭贺，主人要大宴宾客。寿诞礼，一般在40岁以后开始举行，生日当天举行庆生仪式，亲友送寿礼致贺。人生最后一道礼仪是丧礼。为了表示哀悼心情，人们要奉上挽联、挽幛或礼品、礼金。

四、不学礼，无以立

中国是四大文明古国之一，历史悠久，文化灿烂。历经几千年的积淀，中国文化中形成了完善的礼仪规范体系。在现代社会，讲文明、讲礼貌是每一位公民必须具备的社会公德。一个人一生的成长期是在学校度过的，在学校中掌握和理解礼仪的要求，会成为一生的行为习惯，影响到未来的工作与生活。同学们在学习文化课、专业课的同时，掌握一定的礼仪知识，使自己的仪容仪表、言谈举止、气质风度与众不同，是非常必要的。

可是，在我们身边，有时会看到这样的情形：在学校举办的音乐会上，个别同学没有礼仪意识，把音乐会当成了休闲娱乐场，有的时而走动，时而使劲摇座

椅；有的带零食饮料进场，咂嘴声吞咽声不绝于耳；还不时听到此起彼伏的手机铃声……。校园里出现这样的情形，是令人非常痛心的，这是一种极其缺少礼仪修养的表现。在国外，学生一般认为欣赏音乐是人生重要的礼仪活动，通常着装庄重，甚至穿清一色的礼服进场。校园是人生重要的驿站，求学是人生旅途中的重要阶段，在这个时期我们会明白什么样的行为是正确的、如何正确处理人际关系、为什么要尊重别人，这将会使我们的青春美好而和谐。

"不学礼，无以立。"希望同学们在学校掌握应有的行为规范，善于因时、因地规范个人言行，做一个有知识、有修养、能赢得别人尊敬和喜爱的人。

礼仪故事屋

不学礼，无以立

孔鲤是孔子的儿子。一次，孔子的一个学生问孔鲤："你是老师的儿子，老师在教育你的时候一定有什么特别的传授吧？"孔鲤回答道："父亲对我的教育实际上和大家一样，如果一定要说有什么特别的传授，那就只有两次。"

"有一天，父亲独自在庭院中，我从他面前走过，他问我：'学诗了吗？'我说：'没有。'他说：'不学习诗，就不会说出有文采的话。'于是我便开始学《诗》。"

"过了一段时间，父亲又一个人站在庭院中，我又从他身边走过。他问我：'学礼了吗？'我说：'没有。'他说：'不学礼，就没法在社会上立足。'于是，我又开始学《礼》。"

第二课　礼仪基本原则

　　形式好比外壳，内容犹如灵魂，中华传统礼仪的内容与形式相辅相成。古人把礼的内容称为"礼义"，要求人们既要懂得怎样去做，又要明白为什么这样做，把礼的形式称为"礼法"，这是礼的规则，要求人们能够按照规则一步一步地去做。学礼，一定要礼义礼法并举，既要把握礼的内在精髓，又要熟悉礼的外在形式。

　　在文明社会，同学们要讲文明，懂礼仪，遵守社会公德，遵守礼仪的基本原则。一是自律，要克己、慎重；二是敬人，要尊重对方；三是适度，要把握分寸；四是真诚，要以诚待人。

一、自律

　　自律就是自我约束，按照礼仪规范严格要求自己，知道自己该做什么，不该做什么，这是礼仪的基础和出发点。

　　学习礼仪、运用礼仪，最重要的就是要严于律己，树立道德信念，规范自己的行为，自觉按照礼仪要求去做，遵信守约，以礼待人，不断提高自我约束、自我完善的能力。同学们在与人交往的过程中要克己、慎重、积极、礼貌、表里如一，不妄自尊大，不口是心非。

　　同学们在严于律己的同时，更要宽以待人。多体谅他人，做到将心比心。在

礼仪名言录

礼，身之干也。

——《左传》

与人交往中，每个人的思想、品格及认识问题的水平都有一定的差别，学生要用宽容之心对待别人，而不能用一个标准去要求所有的人。宽容别人，要豁达大度，有气量，不计较，不追究。只有这样，才能化解在日常生活中可能发生的人际纠纷。

二、敬人

孔子说："礼者，敬人也。"也就是说，礼仪的基本要求是尊重人。

同学们在人际交往中，要尊重交往对象，敬人之心常存，不可伤害对方尊严，更不能侮辱对方的人格。尊重别人应当遵循一定的原则：一方面要以平等的身份同他人交往，在自尊、自爱的同时，尊重他人的人格、劳动和价值，另一方面是尊重他人的爱好和感情，不强迫他人按照自己的爱好和志趣生活和行事。

古人云："敬人者，人恒敬之。"尊重具有相互性，你尊重别人，别人就会尊重你，你不尊重别人，别人就不会尊重你。人际交往中还要尊敬自己，正如汉代扬雄所说："人必其自敬也，而后人敬诸。"

三、适度

适度是指人们在人际交往中，必须熟悉礼仪的规范和准则，注意保持与人交往的距离，把握特定环境下人们彼此间的感情尺度、行为尺度，以建立和保持健康、良好、持久的人际关系。

适度的基点是分寸感。礼仪是一种程序规定，而程序自身就是一种"度"。无论表示尊敬还是热情，礼仪都有一个"度"的问题，没有"度"，施礼就可能进入误区。

遵循适度原则需要做到以下几点：首先要感情适度。在与人交往时，既要热情大方，又不能轻浮谄谀；既要彬彬有礼，又不能低三下四。其次要举止适度。在与人相处时，既要"入乡随俗"，又不能粗俗无礼；既要优雅得体，又不能夸张伪饰。再次要谈吐适度。在与人交谈时，既要真诚坦率，又不言过其实；既要诚挚友好，又不虚伪客套。

四、真诚

真诚就是在人与人的交往过程中要做到诚实守信，诚心待人，不心口不一，不虚情假意。学生在运用礼仪时，务必诚信无欺，言行一致，表里如一。

真诚是人与人相处最基本的态度，是一个人外在行为与内在道德的统一。待人真诚会很快得到别人的信任，而表里不一、口是心非的人，即使在礼仪方面做得无可挑剔，最终还是得不到别人的信任。在社会交往中，不是所有的人都能有潇洒的风度、优美的姿态和得体的谈吐，即使懂得该怎么去做，也不可能人人都做得尽善尽美。但是，只要你处处以真诚为原则，就能使与你交往的每个人都能感受到你所做的一切是发自内心的，这样，你就能赢得友情，结交更多的朋友。

诚实守信是真诚原则的内核。诚实守信是真诚的外在表现，反映了一个人行为的规律性和稳定性。诚实守信的人一般言行一致、表里如一，人们能够根据他的言判断他的行，从而双方对彼此的关系充满自信，知道该如何发展。同学们在与人交往时要讲真话，遵守诺言、践行诺言。日常生活中，要遵守约定的时间，言必信，行必果，不失信于人。

第三课 礼仪是个人素质的体现

礼仪并非与生俱来，也非一日之功，是个人后天不懈努力不断上进逐渐养成的。因此可以说，礼仪从一种标准发展成一种自觉自然的行为，是一个不断学习和渐变升华的过程。

一、礼仪滋润童心

礼仪作为中华文化的核心内容之一，虽历经几千年传承，仍历久弥新：黄香温席中的孝道、孔融让梨里的谦让、闻鸡起舞里的勤奋，都生动地给我们诠释着中华"礼仪之邦"的美德。

人的成长有内、外两个方面：内求德性的纯正，外求言行的端正。自古以来，君子都内外兼修。古人认为礼的内在精髓是德，并把德分解成若干德目，例如孝悌、忠信、谦让、敬业、乐群、勤政、爱民等，每一个德目之下，都有许多具体的行为规范可供遵循。如果在生活中实践了这些规范，那么这些德性就在你身上得到了体现，这样的行为规范就是礼。《礼记》说："礼也者，理也。"礼就是合乎道理的行为。在我们的生活中，道理无处不在，因此礼也是无所不在的。

人的成长过程，就是不断认识和培育德性的过程。不仅要"知书"，而且要"达礼"。倘能知行合一，德性才会变成德行。通过亲身践履礼、体悟礼的真谛，就能使自己的言谈举止处处中规中矩，进而变化气质，涵养德性，彬彬有礼。在现代社会，我们中小学生应该弘扬讲文明、知礼仪的美德。学习礼仪就是要让同学们从小"立身以礼，养成以乐"，尊礼、达礼、用礼，塑造完美的自我，成为社会欢迎的有用之才。

礼仪名言录

鹦鹉能言，不离飞鸟。猩猩能言，不离禽兽。今人而无礼，虽能言，不亦禽兽之乎？

——《礼记》

　　校园里那些手捧经典诵读的学子，那些把《弟子规》当成歌谣来唱的孩子，可能不会用思想家的头脑来解读"君子泰而不骄，小人骄而不泰""不义而富且贵，于我如浮云"等先贤的至理名言，但却能用实际行动来表达他们对国学经典的理解。外宾来校参观，他们会"路遇长，疾趋揖，长无言，退恭立"，大方地和来宾打招呼，决不围观或敬而远之；看到衣着不整的同学，会礼貌地提醒"冠必正，纽必结"；和人相处，会把"与朋友交，言而有信"作为准则；谁和家长闹了别扭不高兴，大家会用"父母教，须敬听，父母责，须顺承"来劝导……注重礼节，讲究礼仪，追求文明是学生一生的必修课，让礼仪滋润童心，让千年弦歌世代传诵。

二、礼仪是人生的一张名片

　　古人说："礼出于俗，俗化为礼。"当今约定俗成的礼仪规范，其实就是源于我们日常学习和生活中最易让人接受的做法。

　　礼仪是人内在修养的体现，是人们在人际和社会交往过程中所应具有的相互表示敬重、亲善和友好的一种行为规范，是人们在人际和社会交往中调整人与人关系、规范个人行为和举止的一门艺术，是人生的一张名片。

　　礼仪包含的内容比较广泛，通常所讲的礼貌、礼节、仪表、仪容、仪式等都属于礼仪的范畴。从个人的角度来看，礼仪有助于提高个人的自身修养，有助于完善自我、美化生活，有助于促进人们的社会交往，改善人际关系。有关研究表明，在一个人成功的诸多因素中，专业技术仅占 15%，而人际交往、人际关系、沟通能力等因素占比多达 85%。同学们，学习礼仪不仅是时代潮流，更是提升竞争力

的现实需要。

这里给同学们讲个传说：张飞问路。张飞和刘备迷了路，张飞对刘备说，我到前面去问问吧。张飞是一个大大咧咧的人，做事鲁莽，他走到前面，看到一个老农在田里干活，一把抓住老农。张飞长得凶恶，力气又大，谁经得住他这么一抓？张飞凶巴巴地问道："喂，老头，到哪里哪里去，怎么走？"那个老农吓得话都说不出来，还敢告诉他怎么走呀？实在没办法，用手随便指了指，张飞一看，又问道："是不是往那边走？""是！是！"其实是这个老农无心的一指。张飞当了真，高高兴兴地回来告诉刘备，往那边走可以到达目的地。结果呢？同学们已经猜到结果了吧，那就是——张飞问路，越问越远！

从这个小故事中，同学们可以看出礼仪的重要性。礼仪是人生的一张名片，是人生的通行证。愿我们的人生更精彩，更美好。

少 年 学 养 篇

孔子潜心著述

公元前 484 年，孔子终于回到了阔别 14 年的鲁国。

鲁国君臣都来向孔子请教治国的方法。鲁哀公问："怎样才能治理好国家？"孔子说："治理国家首先必须选择贤能的大臣。"

季康子问："鲁国盗匪成群，怎样才能制止？"

孔子说："如果执政者首先去掉贪欲，以身作则，提倡俭朴，那么，人们就会模仿学习，那时，就是张榜悬赏，人们也不会去偷盗抢劫。"

鲁国君臣觉得孔子的想法一时难以收到实际效果，不想采纳他的建议。孔子就在家闭门著述，潜心研究古代典籍。孔子对夏、商、周三代的礼仪制度进行了深入的研究，他总结说："制定礼仪制度有两种指导思想：一种是崇尚朴实，一种是重视文采，我倾向于后者。周代的礼仪制度汲取了夏、殷两代的精华，丰富多彩，我主张用周代的礼仪制度。"在全面研究的基础上，孔子编写审定了《书》《礼》。古代流传下来的诗歌有三千多首，孔子经过筛选淘汰，取其精华，选了305首，编成了《诗》，后人称为《诗经》。

经过多年的研究整理，孔子终于完成了《诗》《书》《礼》《乐》《易》《春秋》六部经典的编修工作。孔子以这些经典为教材，精心传授学生，培养了大量卓越的人才。

礼仪小测试

①开一个故事会，请三个同学分别讲讲"黄香温席""孔融让梨""闻鸡起舞"这三个故事，说说它们都体现了哪些中华传统礼仪。

②"在一个人成功的诸多因素中，专业技术仅占 15%，而人际交往、人际关系、沟通能力等因素占比多达 85%。"组织同学展开讨论，说说大家各自对这句话的理解。

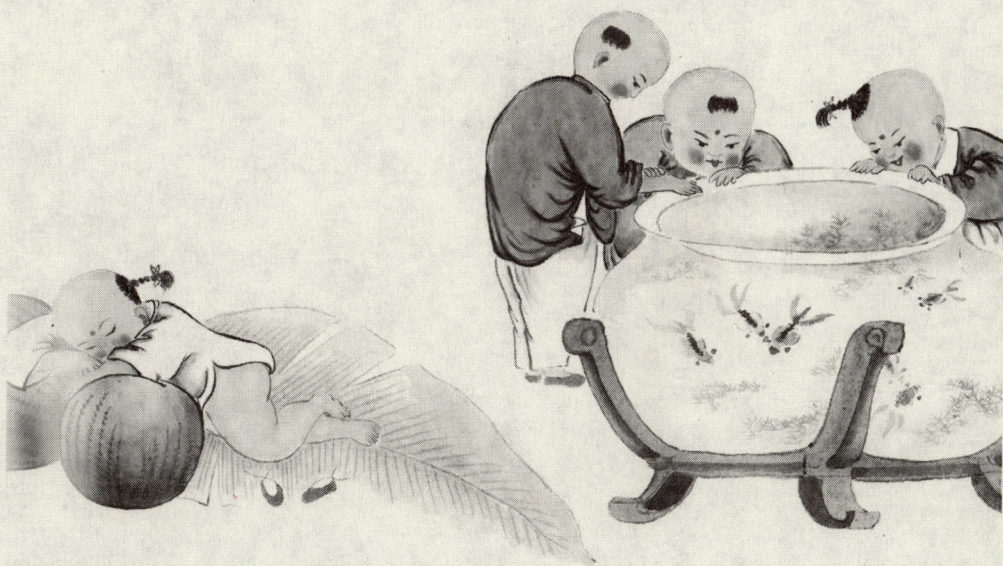

第二单元

仪表礼仪

同学们，一个人，首先展现给大家的是他的外在形象：仪容仪态及其服饰等。一个人的仪表之所以广受关注，主要是因为透过外在形象可以映射出这个人的个人志趣、气质和精神风貌。

第四课　个人的形象与气质

一、做一个有修养的人

日常生活中，当我们接触一个人之后，往往会给他一个总体的评价，比如，"这个人素质高""这个人有教养""这个人有风度"或者"这个人太差劲""这个人俗不可耐""这个人太邋遢"……这都是对一个人个人修养的评价。那么，一个有修养的人到底应当具备哪些特点呢？简单来说有以下几点：

热情诚恳。待人热情、亲切、自然、真诚，无论说什么、做什么都发自内心；助人诚心诚意，不带有任何功利目的。当然，为人热情要把握好分寸，不宜过分热情，否则会使人陷入一种十分别扭而又不知如何是好的境地。

诚信守约。古人说："无信则不立，无信则无德，无信则不肖。"一个人能够在社会上立足，诚实守信是重要条件之一。同学们参加各种活动要守时，不论什么原因迟到，都是失礼的。不能履约要事先通知，让人久候是对朋友的怠慢，当然过早到也不好。无故失约、失信，会使你的形象在别人心目中黯然失色。对别人的请求应根据自己的能力和实际情况给以答复，切不可妄开空头支票。对朋友应做到互尊互助，多给一些帮助。朋友相处要坚持原则，发现朋友的错误应晓以大义，是非分明。

理解宽容。理解是交流情感的基础，也是交际成功和建立友谊的桥梁。理解包括的内容非常广泛，主要表现在：理解别人的需要和行为习惯，理解别人的情绪情感，理解别人的立场观点及态度，甚至理解自己所不喜欢的人的言行。理解往往是朋友之间珍贵的帮助和支持，生活中、工作上有人和自己看法不一致，或者伤了你的面子、侵犯了你的利益，只要没有大碍，都要适当地给予宽容和理解。当然，宽容不是纵容、不是无原则的姑息迁就。对于不良行为甚至邪恶行为，决不能回避，否则就丧失了应有的品德和人格。同学们待人不可苛求，要宽恕别人的无心之失，要多为他人着想，不可吹毛求疵。

和善亲切。对人要和善亲切，彬彬有礼，要发自内心去爱人、去关心人、去帮助人。要仁慈温柔，不单对自己的家人有爱心，就是对别人也应"爱人如己"，处事安详，不冷淡，不急躁，不粗野，不固执。

谦虚随和。古人说："满招损，谦受益。"谦虚是受人欢迎的美德，任何骄傲情绪都会成为你成功之路上的绊脚石。不要因为自己比他人多一点知识或多一技之长就津津乐道，不要因为某方面比别人强而以高人一头的姿态出现，这样会让人对你退避三舍。

和谐美好。一个人的真正魅力往往来自气质。气质看似无形，实则有形，它是通过一个人对待生活的态度、个性特征、言行举止等表现出来的。气质存在于一个人的举手投足之间。走路的步态、待人接物的风度等都属于气质。与人初交，互相打量，有时会立即产生好的印象。热情而不轻浮，大方而不傲慢，表露出的是一种高雅的气质，而狂热浮躁、自命不凡，则是气质不佳的表现。气质美还表现在性格上，开朗的性格往往透露出大气凛然的风度，更易表现出内心的情感。

礼仪小贴士

同学们也许已经发现，有些人外表并不出众，但在他们身上却洋溢着一种美：认真、执着、聪慧、敏锐……这就是真正的气质美，是和谐统一的内在美，这种美深深地吸引和感染着我们。

气质美可以通过培养高雅的兴趣熏陶出来。例如，一个人培养自己爱好文学并有较高的表达能力，培养自己热爱音乐且有较好的乐感，培养自己喜欢美术而有基本的色调感，日积月累，气质美就渐渐地从身上体现出来了。

二、修养比知识更重要

一个有修养的人，必然有良好的礼仪习惯。这样的人，被人尊重，受人欢迎，被人接纳的程度高，有利于建立和谐的人际关系，成功的几率也会大大增加。如果一个人缺乏修养，不懂文明礼仪，即使拥有丰富的知识，也无法立足于社会。

现在，许多教师最关心的是学生的学习成绩。但是，我们中国的传统，历来是把品德放在了知识之前，认为这才是第一位的。衡量一个学生是否优秀，首先要看这个人懂不懂礼貌、懂不懂怎么做人、懂不懂怎么对待人和事。一个人，也许没读过太多的书，没有上过大学，没有取得很高的文凭，但这些都不妨碍他成为一个真正的人，一个受人尊重的人，一个对社会有用的人。

华夏五千年文明，留下了孔子"兴于诗，立于礼，成于乐"、孟子"敬人者，人恒敬之；爱人者，人恒爱之"等千古名句，留下了"张良三拾履""千里送鹅毛"等精彩故事，这些名句和故事都充分说明了礼仪修养是何等重要。

一个重修养、讲礼仪的人，才可能成为一个品学兼优的人，一个优秀的人，一个对社会有用的人。同学们，让我们把中华五千年文明礼仪发扬光大，从现在做起，从细节做起，不断提升自己的礼仪修养。

第五课 仪容礼仪

仪容指一个人的容貌和形体，是一个人外在形象的重要体现，但他又不简单地表现为容貌和形体，不是纯先天的、不可改观的，一个相貌平平的人完全可以以整洁清新的仪容赢得别人的尊重和喜爱。作为一名学生，同学们也一定很在意自己的仪容，无论自己是否天生丽质，我们完全可以通过个人努力将自己的外在形象塑造得朝气蓬勃、自然健康、富于生命力。其实，这本身也是内在美的一种反映。

一、仪容与个人修养

古人曰："礼缘情而作。"意思是说，礼是为了表达情感而制定的。《礼记》说："临丧则必有哀色，执绋不笑；临乐不叹，介胄则有不可犯之色。故君子戒慎，不失色于人。"意思是说，参加丧礼一定要悲哀而不嬉笑，在欢乐的场合不要唉声叹气，身披戎装出征就应该有凛然不可侵犯之神色。君子要慎重对待自己，不失态于人。人人都有喜、怒、哀、乐，都有对亲人的挚爱、对敌人的仇恨、对丧亲的哀伤和对成功的喜悦，但是情感的表达一定要把握尺度，要做到恰到好处，大喜大悲、狂躁暴怒不仅有失风范，不利于身心健康，更有损社会和谐。

为了帮助人们正确、理智地把握自己的情感，古人制订了相关礼仪规定。《礼记》说："不敢哕噫、嚏咳、欠伸、跛倚、睇视，不敢唾洟。"大意是说，在正式场合，打饱嗝、打呵欠、打喷嚏、伸懒腰、歪坐、斜视、吐唾沫都是失礼和没有修养的行为，要严厉制止。又说："足容重，手容恭，目容端，口容止，声容静，头容直，气容肃，立容德，色容庄。" 也就是说，在正式场合，步履要稳重而缓慢（不慌张疾走），手要显恭敬之态（不懈怠懒散），看人的眼神要端正（不躲闪游移），嘴巴要闭紧（不吃东西），说话的声音要平静（不大声嚷嚷），头部要正直（不左右倾仄）；气息要细而长（不大口喘气），站姿要端正（不倚不靠），神色要庄重（不嬉戏打闹）。

礼仪名言录

礼义之始，在于正
容体，齐颜色，顺辞令。
——《礼记》

二、学生的仪容要求

在社会历史发展中，不同的阶级有不同的审美标准。中国封建社会曾经以女人缠小脚、束细腰为美，欣赏"三寸金莲""蜂腰"。这些病态的审美观害苦了中国古代妇女。在社会不断进步的今天，自然、健康的体魄能显示出生命的活力，给人以美感，因此成为仪容美的基础。

仪容反映着一个人的精神面貌。仪容受两方面因素的影响，一方面是个人的先天条件，自然形成，另一方面是后天的修饰和保养。正像法国启蒙思想家孟德斯鸠所说："一个人只有一种方式是美丽的，但他可以通过十万种方式使自己变得可爱。"容貌虽然是父母给的，是天生的，但通过保养、修饰、装扮可以发生很大的改变，这就需要懂得一些"美容"常识，充分发挥自己的优势，以有效地弥补自身的缺陷和不足。

清新、端正的仪容和恰当自然的修饰是对学生仪容的基本要求。端正的仪容可以给人以信任感，而恰当自然的修饰又可以给人以愉悦感。现今的时代是一个张扬个性的时代，同时又是一个讲究团队精神的时代。化妆应以所在群体为标准，以显示出年轻人朝气蓬勃、积极奋进的精神风貌。化妆应以自身面部客观条件为基础，适当强化和美化，切不可失真。

学生仪容提倡"清水出芙蓉，天然去雕饰"。在日常学习和生活中以不化妆为宜，在社交娱乐活动中则应以自然、清淡为主，切忌人工痕迹过重，否则会丧失年轻

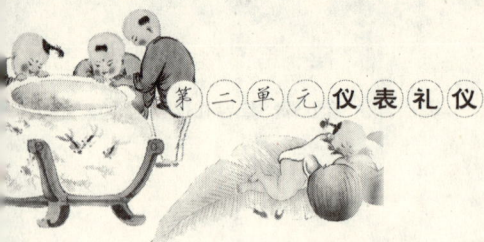

人青春、自然的美感。

同学们完全可以大胆地追求仪容美，虽然不能浓妆艳抹，但可以作适当修饰。

三、良好的第一印象

整洁清新的仪容和得体的修饰能给人留下美好的第一印象。心理学上讲的"首因效应"，就是说人们很容易根据自己对一个人的第一印象对这个人的素质作出基本判断。据研究，初见一个人，很快就能产生第一印象。如果第一印象不好，不要说今后互相合作了，即使要见第二面也并非易事。要给人留下美好的第一印象，就必须遵守相关的礼仪规范。

如何给人留下美好的第一印象呢？一个十分重要的环节，就是要讲究仪容。仪容是指人的相貌和面容，特别要注意头部、肢体等暴露在外的部分。清洁是仪容美的关键，是个人礼仪的基本要求。学生的仪容仪表应该清洁、大方、自然。除了肌肤、手脚、头发的护理和保养外，还应该留意以下部位：

眼睛。注意眼部保洁和防护，无眼屎、无睡意、不充血；眼镜端正、洁净明亮；不戴墨镜或有色眼镜；女同学不画眼影，不用人造眼睫毛。

嘴部。保持牙齿清洁，要坚持早晚刷牙。常规的牙齿保洁应做到三个"三"，即三顿饭后都要刷牙，刷牙的时间应在饭后三分钟内，每次刷牙的时间不少于三分钟。饭后检查脸上有无残渣、口腔有无异味。口腔异味影响交际，必要时可以用口香糖来减少口腔异味。但在正式场合与人交谈时，应避免嚼口香糖。每日早晨起床，空腹饮一杯淡盐水，可以保持口腔清新。女同学最好不用口红，尤其是色彩太艳丽的口红。

鼻子。鼻孔干净，不流鼻涕；在去除鼻涕时，应注意要以手帕或纸巾辅助，切不可当众擤鼻涕、挖鼻孔。进入青春期的男同学，每天外出时，最好检查一下自己的鼻毛是否过长，以免有碍观瞻。如果鼻毛过长，可以用小剪刀剪短，但不要去拔。

耳朵。内外干净，无耳屎，清洁耳朵不要在教室、校园或者其他公共场所进行。女同学不戴耳环。

胡子。男同学不留长胡子、八字胡或者其他怪胡子，不可以当众剃须。

脖子。颈部干净、无污垢，不戴项链或其他饰物，不喷洒过多香水。

佩戴首饰。要符合学生身份，以少为佳。不戴珠光宝气的首饰，不戴张扬性别魅力的首饰，比如耳环、鼻钉，夸张的头饰、脚链等。

身体清洁。讲究个人卫生，养成良好的卫生习惯，身体不带异味。常常洗澡是必要的，尤其是参加正式活动之前一定要洗澡。如果有"狐臭"，应及时治疗，以免引起同学的反感。有些同学喜欢使用香水，走到哪里香到哪里，这也是不礼貌的。

一个人会给别人留下无数个第一印象，把每个第一次做好了，人生就会十分精彩，成功不断。

礼仪名言录

面必净，发必理，衣必整，纽必结。头容正，肩容平，胸容宽，背容直。气象勿傲、勿暴、勿怠，颜色宜和、宜静、宜庄。

——张伯苓

四、肌肤的护理

1. 皮肤的类型

一些美容专家习惯用"油性"或"干性"来判断皮肤的类型，其实这是不完全准确的。也就是说，以油性的"肌肤形态"及干性的"肌肤形态"等词来区分肤质，严格说会产生矛盾。比如，干性肤质可能局部出现油性，而油性肤质也可能含过多水分，这是一个普遍现象。但如果以"混合性肌肤"来加以概括也是不确切的。要切实了解肌肤，必须进行肌肤的皮脂分泌状态及水分保持状态这两项检查。同学们的肤质不是经常维持在固定状态，会随着气候环境、健康状态等因素而变化，因此应首先检查肌肤的健康程度。

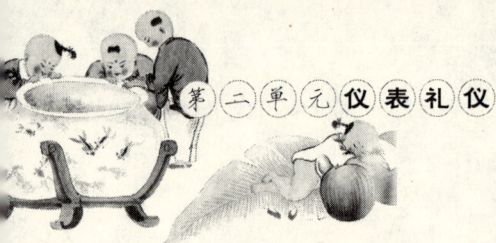

同学们，你如果发现肌肤健康状况不佳，应先找皮肤科医生检查确诊，等肌肤恢复健康后再进行肌肤保养，否则对肌肤的伤害可能会更严重。了解了自己的肤质后，采取适合肤质的保养手段非常重要，否则你的肌肤也会出现很多问题。例如，在油脂过多的肌肤上补充太多油分，不仅会出现痤疮，严重时甚至会引起皮炎；干燥的皮肤，如果继续补充太多油分，肌肤将会更粗糙。

2．肌肤的基本护理

清洁面部可以除去新陈代谢产生出的物质、空气污染物等。除去污垢，尽量不让污垢留在脸上，建议同学们每天尽可能地使用洗面乳早晚各洗脸一次，彻底清洗脸部污垢。

洗脸的重点有三个方面：一是洗面乳需充分起泡；二是不可因为要清除污垢而用力揉搓肌肤；三是每个部位都要洗净。

洗脸时应注意：

使用洗面乳时，将洗面乳先放在手上揉搓起泡，泡沫越细越不会刺激肌肤，泡沫需揉搓至奶油般细腻才算合格。不要用手去搓揉，让无数泡沫在肌肤上移动以吸取污垢。

从皮脂分泌较多的 T 字区开始清洗，额头中心部皮脂腺特别发达，要仔细清洗。手指不要过分用力，轻轻地由内朝外画圆圈滑动、清洗。

用指尖轻柔、仔细地清洗皮脂腺分泌旺盛的鼻翼及鼻梁两侧，这一部分洗不干净将导致脱妆及肌肤出现油光现象。

鼻子下方容易长痤疮，须仔细洗净多余的皮脂，用无名指在此部位轻轻画圈，既不会刺激肌肤，又可完全去除污垢。

下巴和 T 字区一样，也容易长痤疮。洗脸时应由内朝外不断画圈，使污垢浮上表面。

面积较大的脸颊部位需要特别仔细的关照。清洗脸颊的诀窍是，不要用指尖接触皮肤，而是用指肚，使指肚仅有的面积充分接触脸颊的皮肤，以起到按摩清洗的作用。洗脸时不要太用力，以免给肌肤带来不必要的负担。

冲洗时，用清水充分地去除泡沫，冲洗次数要适度。在较冷的季节，需使用温水，以免毛孔紧闭而影响了清洗效果；发际处要洗净，如果洗面乳残留在上面，不但污垢无法去除，皮肤也会长疮或发炎。

洗脸结束，用毛巾擦拭脸上水分时，不可用力揉搓，以免伤害肌肤。正确的方法是，将毛巾轻贴在脸颊上，让毛巾自然吸干脸上的水分。

礼仪名言录

鸟美在羽毛，人美在心灵。
——中国谚语

3．暗疮的护理

进入青春期后，一部分同学脸部生有暗疮，这主要是因为青春期分泌旺盛，促使体内荷尔蒙分泌加大，产生过量油脂，使毛孔堵塞所致。学习压力大、遗传、爱吃油量大的食物等也是暗疮生成的原因。

生暗疮并不可怕，但要重视清除暗疮。清除暗疮要非常小心，如果暗疮冒出前发现小红点，可涂些抗菌药膏；如果暗疮已有白色脓液出现，应该先用毛巾热敷，然后轻轻抹掉脓头。这个工作最好在晚间做，好让伤口有时间充分愈合。不过，对于爱生暗疮的人，最好的方法是"防患于未然"，平时要注意这么几点：洗脸不宜过多过频，因为皮肤表面的油脂如果被清除得过于干净，会产生反作用，刺激皮肤产生过多的油脂；洗脸后等一会儿，待皮肤自己平衡分泌后，再涂上润肤霜，只涂在干燥部位；涂用暗疮膏时，不要只涂在粉刺上，粉刺周围的皮肤也要涂抹，并要经常做这项工作；化妆时，应首选不含油分、粉状的化妆品。

同学们护理皮肤的要诀，一是以优质的洗面乳彻底清洁面部；二是每天喝大量白开水或不含碳酸的饮料清洗肠胃；三是少吃煎炸食物；四是多吃大量新鲜蔬菜；五是要有充足的睡眠；六是做适量的运动，以舒缓精神压力。

礼仪故事吧

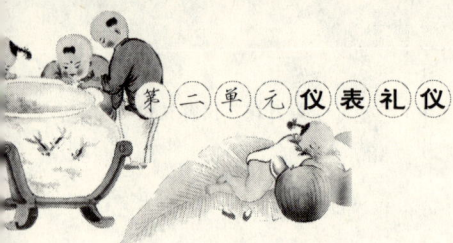

丹丹的礼仪第一课

在校园里保持良好的个人形象，是每位同学都应该努力做到的。一年级的小学生丹丹是个好孩子。一天，老师说："同学们既应该好好学习，同时也要注意个人的形象和礼仪。"听了老师的话后，丹丹放学回家，就翻出了妈妈的化妆品，开始画口红、涂眼影。

妈妈看到丹丹忙得不亦乐乎，很是吃惊，问："丹丹，你在干什么呀？"

"我在化妆呀。老师说要注意个人形象呢！"丹丹告诉妈妈。

"小孩子最好不要化妆，尤其不要浓妆艳抹。"妈妈又好气又好笑地指着镜子里的丹丹说，"你看，你把脸都涂成大花猫了，这样好看吗？"

丹丹的脸红了，她嘟囔着："又不是我想这样，老师要我们给人留下美好的形象，我看你平时也要化妆后才出门，所以我才试试嘛。"

妈妈耐心地说："小孩子红扑扑、干干净净的脸蛋就是最美好的形象。只要你勤洗脸，保持面部、服装的清洁，就能给人留下美好的印象。"妈妈接着告诉丹丹，小学生的个人形象最好是清新、自然、大方。女生不要留超长或者太短的头发。男生头发的长短也要适中，不要留过长的头发，一般情况下，男生平均每半个月就应该去理一次发，女生每天要梳头 2~3 次，让头发不凌乱。另外，还要经常洗头发，一周最好洗 2~3 次，最长也不应该超过 3 天。小学生不要把头发染成黑色以外的其他颜色，更不要烫发。小学生平时在学校穿校服，要随时注意保持干净、整洁。内衣也要勤换洗，不要发出异味。在家里最好穿舒适、干净的棉布衣服，不要穿奇装异服。

听了妈妈的一席话，丹丹知道了很多礼仪知识。以后，她每天出门前都在镜子前照一照，看看自己是不是仪容整洁大方，然后才高高兴兴去学校。

从此，老师和同学们更喜欢丹丹了，都说她是一个讲文明、懂礼貌的好孩子。

礼仪小测试

① "仪容美和内在美在一般情况下没有必然的联系，仪容美的人不一定内在美，内在美的人也不一定就有美好的容貌，这是因为仪容有先天的一面。但是，仪容也离不开后天因素的影响，即社会因素和个人修养。"组织同学们开一个小型讨论会，谈谈大家对这句话的理解。

② 俄罗斯作家托尔斯泰说："人不是因为美丽而可爱，而是因为可爱才美丽。"说说你对这句话的理解。

③ 现在，大家似乎越来越看重一个人的外表，"帅哥""美女"一类词成天挂在嘴上。有人说："漂亮就是通信证。"也有人说："长相是人生的第一张名片。"你觉得有道理吗？为什么？

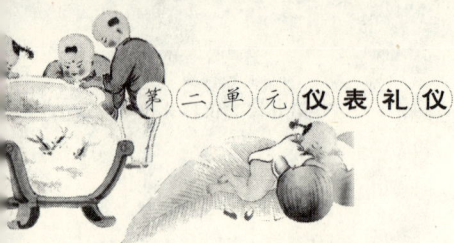

第六课 仪态礼仪

仪态是指人在日常行为中的姿势和风度。一个人的仪态包括他所有的行为举止：面部的表情、站立的姿势、走路的步态、对人的态度、说话的声调等，而这些又是人们内在品质、能力、知识等的外在表现。人们往往通过一个人的仪态来判断这个人的品格、学识、能力及其修养和素质，只有那些受过良好教育并且在各方面都很优秀的人，才能做到风度优雅、举止得体。

人的仪容会随着时间的流逝而逐渐失去原来的光彩，但仪态却能够随着年龄的增长而更加成熟、稳重、优雅。人的仪态是在成长的过程中潜移默化得来的，是通过后天的生活和训练养成的，一旦形成就很难改变。同学们应该热爱生活、积极进取、自尊自信，陶冶性情、磨砺意志、丰富学识，加强自身修养，不断提高素质，努力使自己拥有真正的仪态美。

一、行坐礼仪

现代人际交往对个人仪态有一定的要求，主要表现在：站有站相，坐有坐相，举止端庄稳重、落落大方，彬彬有礼。中小学生正处在长身体的阶段，正确的站姿、坐姿、蹲姿，对塑造其形体非常重要。遵守行坐礼仪，是塑造仪态美的基本要求，主要体现在以下几个方面：

1．行走礼仪

两人并行的时候，右者为尊；两人前后行的时候，前者为尊；三人并行，中者为尊，右边次之，左边更次之；三人前后行的时候，前者最为尊贵。如果道路狭窄又有他人迎面走来时，则应该退至道边，请对方先走。行走路线要固定。一个人独步街头，行走的路线应尽量成直线。如果不是寻找失物，就不要在行进中左顾右盼，东张西望。路过居民住房时，不可东张西望，窥视私宅。

遵守行走规则。步行要走人行道，靠右行走，并且让出盲道。过马路宁停三分，不抢一秒。宜走人行横道、天桥或地下通道，切忌图快捷翻越绿化带、隔离栏。行走也要有风度，男女生同行的时候，男生应该主动走在靠近街心的一边，让女生靠自己的右侧行走。街上行走时，随带物品最好提在右手上，若有男生在，物品可由男生代劳。约束不良行为，行走时不要吃食物，不要在路上久驻攀谈或是围观看热闹，更不能成群结队在街上喧哗打闹。

2．上下台阶礼仪

上下台阶，应注意一步一阶，不可并排而行挡住后人。上楼梯时，应让尊者或女生走在前面；下楼梯时，尊者或女生应走在一人之后。

上下楼梯时要注意安全。上下台阶不可推搡前面的行人或硬行抢道。

3．特殊场合下的坐姿礼仪

上车时，当有人为你打开车门时，你应该微笑着说声"谢谢"，然后先落臀部于车座，再抬双脚入车内。

乘坐公共汽车或地铁时，上身应坐直，膝盖并拢，手提包放在自己的膝盖上。跷起二郎腿的习惯姿势，会妨碍邻座的人和身前站立的人，请改正。

在餐厅用餐时，切记不能弓背，这会使你的形象大打折扣。

二、站姿礼仪

站立是人们生活中的一种最基本的举止，优美的站姿是人动态美的基础，衬托出你的气质和风度，能使一个人更加自信，从而给他人留下美好的印象。要想

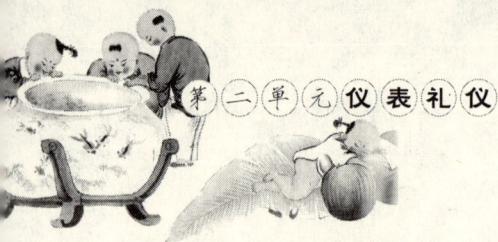

拥有优美的站姿，有四个部位要特别注意：双脚、双肩、胸部、下巴。

1. 正确的站姿要求

头正。抬头，双目平视前方，嘴微闭，表情自然，面带微笑，微收下颌，精神饱满。

肩平。双肩放松、微向后下压，人体有向上的感觉。

臂垂。两肩平正，双臂自然下垂于身体两侧，虎口向前、手指自然弯曲。

躯挺。躯干挺直，挺胸收腹立腰，臀部向内向上收紧，身体重心应在两腿中间，防止重心偏左或偏右。

腿并。两腿绷直、双膝用力并拢，保持身体正直，脚后跟要靠紧，两脚呈"V"型，两脚间角度呈 40°～60°。

找准重心。身体重心主要支撑在脚掌、脚弓上。

侧看成一条垂线。从侧面看，上体与下肢应在一条垂直线上。

2. 几种基本站姿

男生站姿

身体立直，抬头挺胸，下颌微收，双目平视，嘴唇微闭，双手自然垂于身体两侧，双膝并拢，两腿绷直，脚跟靠紧，脚尖分开呈"V"字型。

身体立直，抬头挺胸，下颌微收，双目平视，嘴唇微闭，双脚平行分开，两脚之间距离不超过肩宽，一般以20厘米为宜，双手手指自然并拢，右手搭在左手上，轻贴于腹部，不要挺腹或者后仰。

身体立直，抬头挺胸，下颌微收，双目平视，嘴唇微闭，双脚平行分开，两脚之间距离不超过肩宽，一般以20厘米为宜，双手在身后交叉，右手搭在左手上，贴于臀部。

女生站姿

身体立直，抬头挺胸，下颌微收，双目平视，嘴唇微闭，面带微笑，双手自然垂于身体两侧，双膝并拢，两腿绷直，脚跟靠紧，脚尖分开呈"V"字型。

身体立直，抬头挺胸，下颌微收，双目平视，嘴唇微闭，面带微笑，两脚尖略分开，右脚在前，将右脚跟靠在左脚脚弓处，两脚尖呈"V"字型，双手自然并拢，右手搭在左手上，轻贴于腹前，身体重心可放在两脚上，也可放在一脚上，并通过重心的移动减轻疲劳。

礼仪小贴士

"不雅"的站姿

东倒西歪，无精打采，懒散地依靠在墙上、桌子上。

低着头、歪着脖子、含胸、端肩、驼背。

将身体重心明显地移到一侧，只用一条腿支撑着身体。

下意识地做小动作。

两腿交叉站立。

两脚之间的距离不要过大。

在正式场合，双手叉腰，双手交叉抱在胸前，把手插在裤袋里面。

礼仪故事屋

站有站相

叶化兵

唐朝有个著名的诗人叫张九龄，他因官居宰相，人品、诗品俱佳被尊称为"宰相诗人"。

张九龄能在众多才子中脱颖而出，得益于他的站相很好。

刚刚入朝当官的张九龄虽然职位不高，但非常注意自己的举止，站有站相，坐有坐相，举止得当，所以在臣子当中非常出众。每次朝廷聚会的时候，皇帝都要对张九龄多看几眼。

很多官位高的人，就要揣摩皇上的意思：怎么皇上老看他？是不是皇上

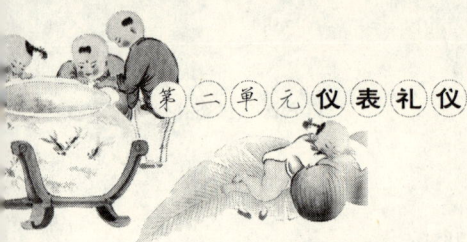

特别器重他，或跟他有什么特殊的关系吗？于是，张九龄很快就在群臣中拔尖了，后来真的被皇帝重用。

通过这个小故事，同学们可以明白这样的道理：站相也是修养和礼仪的体现，从小养成得体的行为举止，做一个彬彬有礼的人非常重要。这不仅仅是个人修养的问题，甚至还会影响到个人的命运。

中国享有"礼仪之邦"的美誉，孔子曾教导弟子把守礼作为个人的立身之本，中国人素以讲文明礼仪、做谦谦君子而著称于世。中华礼仪文化强调遵守礼规、真诚尊重、平等适度、自信自律和诚信宽容。礼仪文化能塑造美好的心灵。"敬人者，人恒敬之。"礼仪是人与人之间和谐相处的润滑剂，良好的行为举止就是生活中最常见的礼仪之一，它彰显着美好的仪态，不仅给人以有修养的感觉，还可以让自身获得自信。

让五千年源远流长的礼仪文化，塑造更完美的你！

礼仪小贴士

"不雅"的走姿

方向不定，忽左忽右。

左顾右盼，忽前忽后。

"外八字"步和"内八字"步。

双手插入裤袋。

双手反背于背后。

摇头、晃肩、扭臀。

多人并行，或勾肩搭背，或奔跑蹦跳，或大声喊叫。

三、走姿礼仪

走姿是人体所呈现出的一种动态，是站姿的延续。走姿是展现人的动态美的重要形式，是"有目共睹"的肢体语言。

头正。双目平视，收颌，表情自然。

肩平。双肩平稳，双手在摆动中与双腿的距离不超过一拳。以肩关节为轴，双臂前后自然摆动，两肘自然弯曲，摆幅以 30°～35°为宜。

躯挺。上身挺直，立腰收腹，身体重心稍前倾。

步位直。脚尖略开，脚跟先接触地面，依靠后腿将身体重心送到前脚掌，使身体前移。两脚落地后的轨迹要在一条直线上，要防止"内八字"或者"外八字"。

步幅适度。步幅大小与个人身高要协调。

步速平稳。行进中的速度应保持均匀、平衡，步速每分钟 80-100 步。

四、坐姿礼仪

坐姿文雅、端庄，不仅给人以沉着、稳重、冷静的感觉，而且也是展现自己气质与修养的重要形式。

1．正确的坐姿要求

入座时要轻稳。走到座位前，缓慢转身后，右脚向后退半步，然后从座位的左侧轻稳坐下（女生落座时要将裙子后片用手向前拢一下），并把右脚与左脚并齐。

入座后上体自然挺直，挺胸，双膝自然并拢，双腿自然弯曲，双肩自然放松，双臂自然弯曲，双手自然放在双腿上或椅子、沙发扶手上，掌心向下。

头正，嘴唇微闭，下颌微收，双目平视，面容平和自然。

坐在椅子上，应坐满椅子的三分之二，脊背轻靠椅背。

2．几种基本坐姿

女生坐姿

标准式。上身挺直、坐正，双肩平正，两臂自然弯曲，双手叠放在双腿中部，并靠近小腹，双膝并拢，小腿垂直于地面，两脚保持小"丁"字步。入座时若着裙装，要用双手在后面从上往下将裙摆稍拢一下，以防坐出褶纹或因裙子被坐住而使腿部裸露过多。

侧点式。上身挺直，双膝并拢，右脚跟靠拢左脚内侧，右脚掌着地，左脚尖着地。

前交叉式。上身挺直，左脚置于右脚上，两踝关节处交叉，两脚尖着地，膝部可稍分开，但不要过大。

后点式。两小腿后屈，脚尖着地，双膝并拢。

曲直式。上身挺直，右脚前伸，左小腿屈回，大腿靠紧，两脚前脚掌着地，两脚前后在一条直线上。

侧挂式。在侧点式的基础上，左小腿后屈，脚绷直，脚掌内侧着地，右脚提起，用脚面贴住左踝，膝与小腿并拢，上身右转。

男生坐姿

标准式。上身挺直、坐正，双肩平正，双腿自然弯曲，小腿垂直于地面，双膝并拢，两脚自然分开 45 °，双手分别放在两膝上或椅子扶手上。

前伸式。在标准式的基础上，两小腿前伸一脚的长度，左脚向前半脚，脚尖不要翘起。

前交叉式。两小腿前伸，双脚在踝关节处交叉。

交叉后点式。两脚交叉，小腿向后曲回，下面的脚的脚掌撑地。

曲直式。右脚前伸，左小腿屈回，前脚掌着地。

礼仪小贴士　　　"不雅"的坐姿

前倾后仰，或歪歪扭扭。

双腿过于叉开，或长长地伸出。

大腿并拢，小腿分开。

高架"二郎腿"或"4"字型腿。

腿、脚不停抖动。

双手放在两腿中间。

脚尖指向他人。

脚跟落地、脚尖离地。

把脚架在椅子或沙发上，或架在茶几上。

猛坐猛起。

与人谈话时用手支着下巴。

坐沙发时太靠里面，呈后仰状态。

五、手势与表情

1．手势

手势是同学们与人交往时不可缺少的动作，是表情达意的有效手段。手势表示的含义非常丰富，表达的感情也非常微妙复杂。下面几种手势是常用的礼仪手势。

引导的手势。先轻声对客人说"请"，然后将左手或右手提至齐胸高度，五指伸直并拢，掌心向上，以肘部为轴，朝要指示的方向伸出手臂。注意指引方向，不可用一个手指指示，这样显得不礼貌。

"请进""请"的手势。五指并拢，手掌自然伸平，手心向上，肘微弯曲，腕低于肘。开始做手势应从腹部之前抬起，以肘为轴地向一旁摆出，到腰部与身体正面成 45°时停止。头部和上身微向伸出手的一侧倾斜。另一手下垂或背在背后，目视宾客，面带微笑，表现出对宾客的尊重、欢迎。当来宾较多时，表示"请"

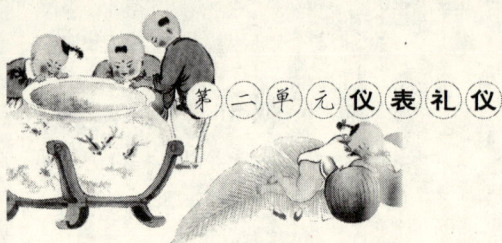

可以动作大一些，做法是：两臂从身体两侧向前上方抬起，两肘微曲，向两侧摆出。指向前进方向一侧的臂应抬高一些，伸直一些，另一手稍低一些。也可以双臂向一个方向摆出"请"的手势。

"请坐"的手势。请客人落座时，手势应摆向座位的地方。做法是：手要先从身体的一侧抬起，高于腰部后，再向下摆去，使大小臂成一斜线。

介绍的手势。为他人做介绍时，无论介绍哪一方，都应该手心朝上，四指并拢，虎口张开，手掌基本抬至齐肩高度并指向被介绍的一方，面带微笑，在正式场合，不可以用手指指点点或拍打被介绍一方的肩和背，这样显得很不文雅。

礼仪小贴士

当众"不雅"的行为

挠头皮、掏耳朵、抠鼻孔、剔牙、咬指甲、剜眼屎、搓泥垢

2. 表情

表情是指眼睛、眉毛、鼻子、面部肌肉以及它们的综合运用所反映出的心理活动和情感信息。在人们千变万化的表情中，目光和笑容最能表现一个人的情感和修养。

目光

人的眼睛是人的表情语言中语汇最丰富的，"眼语"像灵魂的一面镜子，通过眼睛可以观察到对方是否喜欢你、支持你。眼睛是人体传递信息最有效的器官，它能表达出人们最细微、最精妙的内心情思，从一个人的眼睛中，往往能看到他的整个内心世界。

一个彬彬有礼的形象，目光是坦然的、亲切的、和蔼的、有神的。特别是在与人交谈时，目光应该注视对方，不应该躲闪或游移不定。在整个谈话过程中，目光与对方接触的时间累计应达到全部交谈过程的三分之一左右。与人交谈时，目光应热情、和蔼，随着交谈的内容而变化。看别人时，应该使自己的目光有所控制和收敛，不要游移不定，也不要迅速回避别人的注视；不要把目光投向空中、地上或交谈者的身后；不要居高临下地注视别人，不要斜视别人。在不同的场合，与不同的人交往时，要注意视线的高度和位置。一般来说，可以分为以下三种：

公务注视。洽谈、磋商、谈判等正式场合使用的注视方式，给人一种严肃认真的感觉。这种注视的位置在对方的脸部，以双眼为底线，上到前额三角部分。谈公务时，如果你注视对方面部的这个部位，就会显得严肃认真，对方也会感到你的诚意，你就会把握谈话的主动权。

社交注视。各种社交场合使用的注视方式，注视的位置在对方唇心到双眼之间的三角区域，当你的目光集中在对方脸部这个区域时，会让人感到轻松自然，这种注视主要用于茶话会、舞会及其他类型的社交活动。

亲密注视。亲人之间使用的注视方式，凝视的位置在对方双眼到胸之间。

同学们在交谈时，要将目光转向交谈之人，以示自己在倾听，这时应将目光相对集中于对方面部的某个区域上，切忌"聚焦"、死盯对方眼睛或脸上的某个部位。看人的时间长短有讲究。一眼不看，绝对失礼；长时间看着不动、没完没了也不行。在表示理解、支持、赞同、认可或重视时要看着对方。与人交谈时要善于与对方进行目光接触：当询问对方身体及家人近况时，用关切的目光；征询对方的意见，用期待的目光；在对方表示了支持、合作的意向时，用喜悦的目光；送客人走时，要用目光一直送客人走远，这叫"目送"，以示尊敬友好。

礼仪名言录

足容重，手容恭，目容端，口容止，声容静，头容直，气容肃，立容德，色容正。
——《礼记》

笑容

笑有许多种，微笑、大笑、冷笑、嘲笑等都属于笑，不同的笑能够表达不同

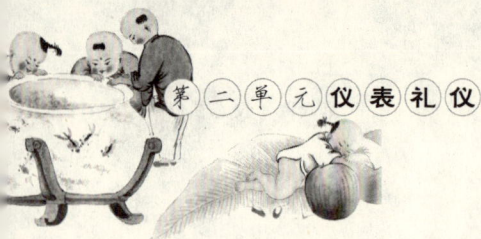

的感情。微笑是笑不露齿，嘴角略微提起的表情。最美的笑就是发自内心的微笑，人们的交往活动最初都是从微笑开始的。微笑是对人的尊重、理解和友善。面带微笑地与他人交往，可以使人感到亲切、热情和尊重，使自己更富于魅力，同时也更容易获得别人的理解、尊重和友谊。

有人可能想，笑容夸张一些会显得自己更热情、乐观，于是就把"放大"的笑容运用到日常生活里去了。别人讲了个大家听过无数次的笑话，其他人都礼貌地呵呵一笑，可他却哈哈大笑，甚至笑得前仰后合，这只会让人觉得虚伪。笑，这种美好的表情，只有适度，才能真正发挥其礼仪效果。

在校园里，同学们的微笑是最美丽的风景。我们要发自内心地笑，不要缺乏诚意，强装笑脸；不要露出笑容，立即收起；不要为情绪左右而皮笑肉不笑。而要做到：

眼形笑：两只眼角柔和地上扬。

眼神笑：眼神亲切自然，流动着发自内心的笑意。

嘴角笑：嘴角微微上扬，流露出善意、礼貌、喜悦、诚挚之情。

礼仪小贴士　同学们如果留意一下，就会发现，一些公共场所常常贴有这样的小标语提醒大家："今天，你微笑了吗？"让人看后忍俊不禁，莞尔一笑。微笑可以使人舒服，使人际关系更融洽。同学们不妨把这句话作为自己的座右铭，每天提醒自己微笑几次。每天对着别人微微一笑，相信长此以往，人会更加漂亮，心情会更加舒畅，学习效率会更高。

六、交谈与聆听

1. 交谈

与人交谈时，选择什么样的话题非常重要，它直接影响到人们谈话的氛围和交谈的效果。除了说双方已经定好的话题外，建议同学们多选择这些主题：

高雅的主题。谈论文学、体育、艺术、历史、地理、建筑等主题，内容文明优雅，格调高尚脱俗，会显现出交谈者较高的品位和情趣。

轻松的主题。谈论休闲娱乐、风土人情、逸闻趣事、天气状况、旅游度假等话题。

时尚的主题。谈论此时此地的流行时尚，显现出谈话者热爱生活、与时俱进的个性。

擅长的主题。选择双方共同感兴趣的话题，从而使谈话氛围更加融洽，沟通效果更佳。

2．聆听

只管说不管听的人是不受欢迎的。只说不听就是不把其他人当回事，以自我为中心，即使说的话很有道理，也无法得到别人的尊敬。同学们应该学会做一个耐心的聆听者。

聆听是一门艺术，也是交往中尊重他人的表现。国外有句谚语："用十秒钟的时间讲，用十分钟的时间听。"这说明聆听在人们的礼仪交往中居于非常重要的地位。一般说来，谈话是在传递信息，听人谈话是收集信息，一个优秀的聆听者应当善于通过谈话捕捉信息。我们在聆听的同时，要思考、分析、回味、琢磨对方的话，从中得到有用的信息。聆听时，要注意这些礼仪：

全神贯注。聆听要聚精会神，但并不是完全被动地、静止地听，而是要不时地通过表情、手势、点头、必要的附和等，向对方表示你在认真地倾听。如果巧妙地插入一两句话，效果则更好，如"原来如此"、"你说得对"、"是的"、"没错儿"等。这样使对方感到你对他的谈话很感兴趣，因而有利于接下去的话题在和谐、融洽、友好的气氛中展开。

体态配合。用目光注视说话者，保持微笑，恰当地频频点头。身体微微倾向说话者，表示对说话者的重视。了解说话者谈话的主要内容，适当地做出一些反应，如点头、会意地微笑、提出相关的问题。

恰当提问。不要中途打断对方，可以适时而恰当地提出问题，配合对方的语

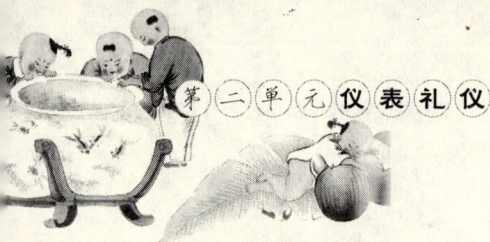

气表述自己的意见。

少 年 学 养 篇

腹有诗书气自华

李小华

纵看华夏千里历史长河，横观百载古今长卷，中华国学经典凝结着无数思想与语言精华，是先圣们留给我们的宝贵精神财富。

学习国学经典，不仅能让我们识更多的字，懂更多的事，而且能陶冶情操，提升素养，使自己更具人格魅力。孔子曾说过"不学礼，无以立"，意思是做人要有礼貌，没有礼貌，怎么做人啊！简单的六个字，却含义深刻；《三字经》中有"为人子，方少时，亲师友，习礼仪"，意思是让孩子从小就养成尊敬师友、学习礼貌礼节的好习惯；《弟子规》中的"父母教，须敬听，父母责，须顺承"，意思是父母教导我们做人处事的道理，是为我们好，应该恭敬地聆听；做错了事，父母责备教戒时，应当虚心接受。

每一篇经典，虽然跨越了千百年时光，但无不蕴涵了人生智慧与生活哲理。如：读《曹刿论战》，从一个民间义士的远见卓识，可以想到匹夫有责的担当，读诸葛亮的《出师表》，当为那"鞠躬尽瘁，死而后已"的赤诚忠贞而赞叹；吟诵《岳阳楼记》，会被"先天下之忧而忧，后天下之乐而乐"的广博胸怀所感动；展开只有99字的《陋室铭》，"斯是陋室，惟吾德馨"，会使你领悟到人生境界高尚之所在……

"腹有诗书气自华"，一个人只要饱读诗书、学识渊博，便自然会表现出优雅举止和翩翩风度。衷心希望同学们抓住少年这段黄金时期，诵读经典，学习先哲的风范，习得圣贤的智慧，用"经典文化血液"铸就自身的"童子功"，为中华民族的伟大复兴播下希望的种子。

第七课　服饰礼仪

　　服饰往往能反映出人的审美情趣，服饰美不仅能表现人的外在美，还体现着人的精神面貌。达·芬奇说过："你们不见美貌的青年穿戴过分反而折损了他们的美吗？你不见山村妇女，穿着朴实无华的衣服反而比盛装的妇女美得多吗？"服饰是否美，不在于是否华贵、时髦，而在于和人的年龄、体形、身份、气质、性格以及所处的环境是否适合、协调。

　　在人际交往中，人们往往会通过一个人的穿着打扮来判断这个人的内在修养和品位。服饰礼仪，是人们在交往过程中通过所需要的衣物、饰品和用品等的正确选择与搭配，最大限度地表达对他人的尊重与友好，是服饰上的一种规范。

一、学生的服饰美

　　今天，中小学生社会交往频繁，对外交流的机会越来越多，服饰礼仪知识是同学们必备礼仪知识中不可缺少的一部分。中小学生应该掌握的服饰礼仪，主要包括着装礼仪与佩饰礼仪的规范和技巧，学生在服装的穿着方面不仅要符合审美标准，而且也要符合服饰礼仪规范。

　　校服是在校学生最常用的正装，穿着和搭配校服，必须严格遵守相关的礼仪规范和所在学校的具体规定。学生穿校服时应该注意以下几个方面的细节，这样才能体现出校服的服饰美。

　　协调。穿着除了要和身材、体形协调之外，还要与职业相协调。对于教师来说，着装要求庄重，不要打扮得花里胡哨，尤其是在课堂上，不得穿过于怪异的服饰，以免分散学生的注意力。对于学生来说，穿着应该大方整洁，不要过于成人化。参加升旗仪式和重要集体活动时，一律穿校服、佩戴校徽。

　　合身。校服要求合身。有时因为体育运动的需要，允许穿相对宽松肥大的运动服。但是，绝大多数情况下，校服不宜过分短小、紧身，否则会显得小气、局促，给人不好的感觉。一般情况下，上装不要短于腰部，否则会露出裤腰、裙腰甚至肚皮，

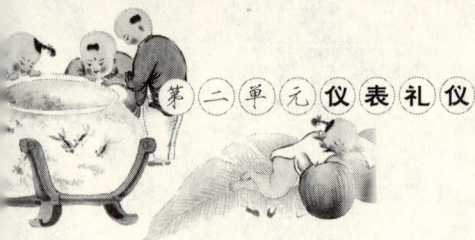

这样就很不雅观。女生穿的裙装式校服，裙摆应长于膝盖，夏天穿的裤装式校服，一般不宜为短裤式样，而且不能太短。

干净。校服应干净，要经常换洗，与之同时配套穿的内衣、衬衣鞋袜，也应该定期换洗。

整洁。穿着校服要整洁、挺括。尽管由于校服的面料千差万别，并非所有校服都能做到线条笔直，但是，也不能使其折痕遍布，因为穿着一身皱皱巴巴的校服，容易让人产生邋遢懒惰、不修边幅的负面印象。

忌紧。校服不是时装，不应该过于紧身以凸显着装者的身材曲线。必须强调的是，以体现学生的苗条身材而随意改动校服的做法，是绝对不可取的。

忌破。校服穿着的时间久了，会出现磨损、开线、破洞、纽扣丢失等现象。发现校服破损后，要采取必要的修补措施。一般情况下，校服一旦发生明显的破损，如开线、破洞等，就不宜继续穿着，而应及时修补。

不得随心所欲。有些学生不按照规定穿着校服，有人时常以"忘记了""不舒服""不合身""不喜欢"为由，拒绝穿校服；有些学生虽然按规定穿了校服，却随心所欲地乱穿，敞胸露怀、不系领扣、高卷袖筒、挽起裤腿等穿法都是不可取的。客观地讲，这些穿法的负面印象并不亚于不穿校服；有些学生喜欢校服与便服混搭穿着，例如上身穿校服，下身穿牛仔裤等，如此混穿，也是一种明显的着装失礼。

一般情况下，按照规定，学生穿着校服时，要求与其配套使用的衣饰，包括衬衫、帽子、鞋袜等，在整体风格上应当与校服一致。如果离开了它们，往往会令校服失去其本应具有的风采。所以，穿校服时，其余的衣饰，如果学校没有作统一规定，不得随意穿着。在选用其余衣饰时，应该首先考虑这些衣饰与校服是否协调，是否破坏了校服的整体效果，是否不合礼仪规范。

礼仪小贴士 女生的发式以简洁、易梳理为宜，不宜烫发、盘发，以免破坏了女生清纯、活泼的形象。女生仪容应追求自然美，即使是参加学校举办的舞会、晚会，也不要把妆化得很浓、很艳。男生的发式也以整齐、干净、富有朝气为宜，不宜留长发、蓄小胡子，以免破坏了青春、健美的形象。

二、学生服装的搭配技巧

学生在不同场合，身着服装的要求是不同的，比如在学校、参加晚会等的服装与郊游、运动或居家休闲的服装就有很大的区别。为了着装得体，就要了解在什么场合应穿什么衣服，什么服装适合在什么场合穿等常识。

1. 西服式样的学生装

学生的服饰应该简洁、大方。在进入教室、图书馆，参加集会、演出，参加集体活动以及在各种公共场所时，不要穿跨栏背心、吊带背心、运动短裤、超短裙等服装，而应该整齐、统一，款式、面料适合学生的年龄、身份，以自然、纯朴为原则。服装穿着要得体，线条流畅，可以选用物美价廉的面料，不必过分追求高档。服装色彩以单色、深色为好，可以做成西服样式，以三件套为宜。

穿着西服样式的学生装，男生三件套为上衣、裤子、背心；女生三件套为上衣、裤子和裙子。穿着时，男生应将上衣的两粒扣子中的上面一粒系好，女生应将两粒扣子都系上。在任何场合穿学生装都不宜敞胸露怀。

穿着西服式样的学生装，应与白色衬衣相配，并系领带。领带以单色为好，一般可选黑色、红色、紫红色。白色衬衣与西服式样的学生装配穿时，其下摆应放置裤内，系好风纪扣及袖口衣扣；衬衣的领子要高出领子1~2厘米，衬衣袖口

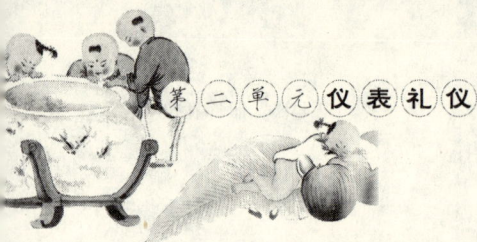

也应长出西服袖口 1~2 厘米；领带结一定要打到头，领带的底端与皮带的位置相平。单穿衬衣时，不得卷起袖口，不得将衬衣的下摆放在裤子外面。

穿着西服式样的学生装，配套的鞋应为黑色的皮鞋，男生穿青年式三接头，女生穿圆口船鞋。男生可穿黑、蓝及深灰色袜子，女生穿肉色袜子。

按照常规，学生上学时胸前应佩带校徽，团员要佩戴团徽，少先队员则要佩戴红领巾或队徽。校徽、团徽或队徽可戴在左上兜上方，团徽或队徽在上，校徽在下。穿白衬衣时，校徽、团徽或队徽可戴在左上兜上方 1~2 厘米处，团徽或队徽在上，校徽在下。女生单穿白衬衣时应与裙子相配，系领花或蝴蝶结，扎好腰带，并穿高筒肉色袜子。

2．便装的穿着与搭配

按照惯例，在校学生一般要穿校服。有的学校设有便装日，在规定日子允许学生穿校服之外的便装上学。便装是相对于正式场合所穿的校服、制服、礼服一类的正装而言的。

学生在为自己选择便装时，需要着重考虑适用场合、搭配等方面的问题。即使身着便装，过于成人化、时装化、奢侈化，也不适合在校学生。学生应该选择美观、舒适、朴素大方的休闲服。

休闲场合穿着便装。依照礼仪规范，便装主要在非正式场合穿着。所谓非正式场合，一般与正式场合相对而言，有时又称休闲场合。休闲场合不仅仅是指人们休息、闲暇的时间，也包括在自己家中的时间以及在公共场合与其他人共处的时间。居家休息、外出度假、运动健身、观光旅游、逛街散步、采买物品等都属于休闲场合。学生在休闲场合身着便装，可以舒适、随意、自由为原则，而运动装和休闲服是最适合这类场合的服装。

便装搭配的技巧。与正装相比，便装在有关搭配方面的讲究要少得多，但也不能过于随意。身着便装时，应注意风格的协调，切忌所穿的多件便装风格上相差太远，不伦不类；应注意色彩的协调，应使不同的便装在色彩方面统一或者呼应；应注意面料的搭配，穿多件便装时，在面料上反差不要太大。

便装的主要用途。便装可分为家居服、休闲服和睡衣。家居服的特点是舒适、宽松、随意、色彩随和，适合家务、劳动和接待朋友时穿，身着家居服不宜进入学校或其他公共场合。休闲服与家居服特点相近，但色彩多艳丽、明快，常与旅游鞋、运动鞋和轻便鞋相配，休闲服主要适用于旅游、参观、度假、游乐。睡衣仅供睡觉和早上洗漱时穿着。

3. 佩饰礼仪与搭配技巧

佩戴饰品能起到陪衬、美化、烘托的作用。对同学们而言，除了佩戴手表、眼镜、帽子、围巾、手套等必要的饰品之外，通常不允许佩戴耳环、手镯、戒指、项链等首饰。

佩饰礼仪

学生有必要佩戴饰品时，也要遵守礼仪规范，应当恪守以下几条规定：

以少为佳。学生佩戴饰品应遵循以少为宜的规则，在校园里，最好一件饰品也不佩戴。如果同时佩戴多种饰品，则最好不要超过三件。

注意场合。佩戴饰品应该与所处的环境、场合相适应。尽量做到在种类、质地、款式、花色等方面与所要去的地方相协调。应顾及活动场所的气氛、规格，庄重、严肃的庆典活动应尽量正规；轻松、愉快的郊游应尽量随便。

搭配协调。佩戴饰品时，要使之与体形、发型、脸形、肤色以及服装协调一致，同时还应兼顾环境、心情、服饰风格等因素，力求整体上搭配协调。在色彩上尽量同色调。

尊重习俗。佩戴饰品时，要懂得其特定的寓意，以避免尴尬。还要考虑各地的风俗习惯、传统观念。不同地区的人，对饰品的质地、色彩会有不同的喜好和忌讳。

遵循时间原则。穿戴服饰时应考虑时代性、季节性、早晚性。所谓时代性，是说服饰应顺应时代发展的主流和节奏，不可太超前，也不可太滞后。所谓四季性，是指服饰穿戴应考虑春、夏、秋、冬四季的气候环境：夏天应穿轻软、凉爽的服装；冬天应穿保暖、大方的服装；不可冬服夏穿，夏衣冬穿，春秋天的服装可以自然、

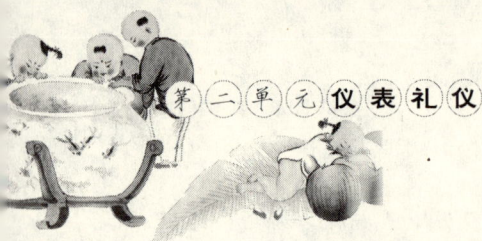

随意一些。所谓早晚性，是指服饰应根据每天早、中、晚的气温变化而调整。通常，白天因户外活动或非正式活动较多，可以在穿着上稍微随便一点；晚上因庆典、音乐会、舞会等活动较多，参加时就应当穿戴正规。

礼仪小贴士

同学们尚处于求学阶段，因此仪表应以朴素大方、活泼整洁为原则。同学们的服饰应以色彩鲜明、线条流畅、简洁明快为好，以充分显示朝气蓬勃的精神面貌。在校内，女生不宜穿过高的高跟鞋，如果穿戴珠光宝气、华丽无比，会显得俗不可耐，与身份不符。当然，衣帽不整、不修边幅或不注意个人卫生，也是不礼貌的。

佩饰技巧

按照饰品所修饰的不同身体部位，可以分为头部佩饰、颈部佩饰、胸部佩饰和手部佩饰几类。学生应该了解各部位饰品佩戴的相关技巧。

头部佩饰。佩戴头饰时，应注意与服饰搭配，并选择与服装颜色、款式相一致的头饰。短发适宜选择款式简洁明快、色彩鲜艳的头饰；长发适宜选择色彩雅致、庄重的头饰。同学们身着校服时，经常佩戴的头饰是帽子和发卡。

同学们戴帽子要注意：帽子的戴法要合乎规范，该戴正的不要戴歪，该偏后的不要偏前，不要给人留下衣冠不整的印象。在社交场合，可以脱帽致敬，遇到熟悉的人，如果相隔较远、不能握手致意时，可以轻轻脱一下帽子，向对方微微点头。在庄重场合，如开学典礼、奏国歌、升国旗时，除军人行注目礼之外，其他人均应该脱帽；在悲伤的场合，如参加追悼会、向死者遗体告别时，在场者应该一律脱帽。

同学们戴眼镜要注意：在选择眼镜时，首先应考虑镜架与脸形是否相宜。脸形较长的人，宜选择圆形或扁方形的宽边镜架，以修饰脸过长的印象；脸形较圆的人，宜选择方形的宽边镜架，以增加面部的立体感；三角形或瘦脸形的人，宜选择圆形或扁圆形的镜架，可以使脸部饱满。此外，还要考虑眼镜的颜色和大小，要使之与肤色、脸形的大小相协调。

颈部佩饰。主要是佩戴围巾和项链。同学们可以根据季节的变化佩戴围巾，但是尽量不要戴项链。围巾有保暖、保护衣领和装饰的功能，围巾的质料多样，有羊毛、棉麻、真丝、雪纺等面料，从外观上看，则有长巾、方巾和三角巾等类型。选择围巾时，可以考虑个人的爱好、肤色与服装的款式。在颜色选择上，重在对服装颜色的衬托，一般应选用服装的对比色，即采用冷色与暖色、深色与浅色的搭配。比如，身穿乳白色外套，配上一条鲜红色的围巾，会显得热情开朗而优雅娇艳。同一套衣服，配以不同围巾装饰，可以起到不同的视觉效果。一般而言，男生围巾的围法多为交叉式，女生围巾的围法则式样较多，女生可以利用业余时间学习围巾的搭配技巧。

胸部佩饰。红领巾、团徽和校徽等是学生常见的胸部佩饰。红领巾是少先队员的标志。《中国少年先锋队队章》第七条指明："我们的标志：红领巾。它代表红旗的一角，是革命先烈的鲜血染成。每个队员都应该佩戴它和爱护它，为它增添新的荣誉。"《队章》规定每个队员都应该佩戴和爱护红领巾。队员佩戴红领巾是珍惜少先队员的荣誉、热爱少先队组织的表现。因此，少先队员平时都应佩戴红领巾，保持红领巾干净、整洁。小学低、中年级队员佩戴小号红领巾，小学高年级和中学阶段的少先队员佩戴大号红领巾。

学生参加体育活动、参加劳动、在家里休息时，可以暂不佩戴红领巾。酷暑季节，在学校大队部的统一指令下，可不佩戴红领巾，而佩戴少先队队徽。但这期间凡是参加少先队集会、活动、仪式，以及重要节日、纪念日的时候，必须佩戴红领巾。

团徽即中国共产主义青年团团徽。共青团员应自觉佩戴团徽。佩戴的位置应在左胸前。团员遗失团徽后，可申请补发。

校徽是学校的徽章，是学校的标志之一。佩戴校徽，不仅是学生形象的一部分，也是学生的行为规范。佩戴校徽不仅能提高学生自身的责任感和荣誉感，督促其养成遵纪守法的好习惯，还有利于维持学校的正常秩序。学生应自觉地佩戴校徽。校徽应佩戴在左胸前，应保持校徽端正、整洁。

手部佩饰。主要包括手表、戒指、手链、手镯和手套等。在校园里，学生允

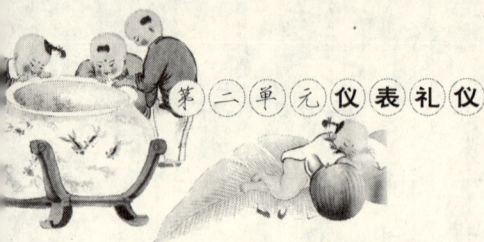

许戴手表和手套。同学们可以戴手表。戴手表可以保证同学们按时到校上课，遵守作息时间，培养时间观念强、作风严谨的行为习惯。手表以实用为上，功能少而精为佳，不要攀比，追求高档豪华。

礼仪小常识

红领巾佩戴"四字诀"

红领巾不要折叠。将红领巾披在肩上，背后的大角对准椎骨，两小角将于胸前，左、右手各捏一角。然后按以下四句口诀做动作：左尖压右尖（红领巾的两个角在胸前交叉，左角压在右角上面，交叉点靠近领口）；底尖转一圈（将被压在底下的右角经前拉到右边，右角缠绕左角。左角随之垂直）；盆上拉底尖（从左右两角交叉点的上方拉出右角，右角此时形成圈）；底尖穿过圈（将右角从圈中向下穿出，抽紧）。

同学们戴手套有讲究。手套颜色应与衣服颜色相近，如穿深色大衣，适宜戴黑色手套。女生穿西服套装时，可以选择一些薄形手套。与人握手时，男生必须摘下手套。进入室内，男生应该摘去手套，女生则不必。进餐时，男女生都应该摘下手套。女生戴长手套时，不要把手表戴在手套外面。穿短袖或无袖上衣时，就不要再佩戴手套。

少年学养篇

照镜子不是女孩的专利

三年级的小森是个男孩子，但他却像小女孩一样爱美。每天早上起来后，他都要在家里的镜子面前照照自己，整理一下自己的衣着，直到自我感觉良好了，他才会去上学。

　　由于小森每天都坚持照镜子，所以不久他的"事迹"就传到了学校。可同学们纷纷嘲笑他，认为他不像个小男子汉，居然做一些女孩子才会做的事情。

　　面对同学们的不理解，小森利用课余时间主动给同学们讲解一些礼仪知识。比如，他说，在公共场所，要克制自己当众对着镜子自我欣赏的念头；在马路上照镜子，可能会被人误认为"不良少年"；在空间狭小的火车、汽车上照镜子，他人会向你行"注目礼"；在教室里照镜子，老师和同学都不会对你有好印象……

　　或许同学们会认为小森的举止很可笑，但是，大家是否听过这样一个故事呢？周恩来总理早年上学的时候，他们的学校里面就放着一面大镜子，并且上面还端端正正地写着一段话，用来提醒那些前来照镜子的学生：看看自己的脸和头发是否干净？检查一下自己的衣服和纽扣是否整洁？照照自己是不是表现出一副昂首挺胸的样子？就这样，天长日久，那里的学生都养成了照镜子的习惯。再到后来，周恩来总理代表中国人民访问其他国家时，他的礼仪风范为世界各国人民所称道。

　　所以，小森照镜子并不是一件让人难为情的事，因为这样有助于让他时刻保持良好的个人形象。

　　照镜子不只是女孩子的专利，同学们每天走出家门或者进入学校后，不妨照照镜子，看看镜子里的自己是个彬彬有礼的好学生吗？如果镜子里的自己是个整齐干净、精神十足的学生，那就对着镜子中的自己说声"你好"。

三、西装礼仪

　　西装是目前世界各地最常见、最标准、男女皆宜的礼服。西装的最大特点是简便、舒适，它能使穿着的人显得稳重高雅、自然潇洒。西装与衬衫、领带、皮鞋、袜子、裤带等是统一的整体。只有它们彼此间统一、协调，严格按照相应的标准搭配，

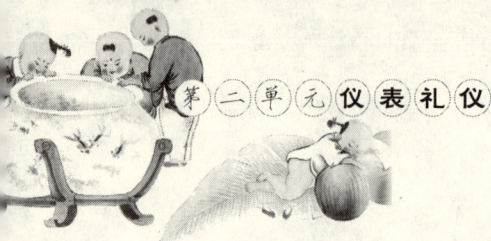

才能体现出仪表的礼仪。下面，我们按穿着时从内到外、从上到下的顺序向同学们简单介绍一下西装的穿着礼仪。

1. 衬衫的选择与穿着

能与西装相配的衬衫很多，最常见的是白色或其他浅色。领子应是有座硬领、衣领的宽度应根据自己的脖子长短来选择。比如，脖子短的人不宜选用宽领衬衫，相反脖子较长的人也不宜选用窄领衬衫。领口不能太大，也不能太小，以扣上领口扣子以后，自己的食指能上下自由插进为标准。袖子的长度以长出西装袖口2厘米为标准。

衬衫在穿着时，长袖或短袖硬领衬衫应扎进西裤里面，短袖无座软领衬衫可不扎。如果在平时，长袖衬衫不与西装上装合穿时，衬衫领口的扣子可以不扣，让其敞开，一般只能敞开一粒扣子，袖口可以挽起，但一般只能按袖口宽度挽两次，绝对不能挽过肘部。如果与西装上衣合穿，或者虽不合穿，但要配扎领带时，则必须将衬衫的全部扣子都系好，不能挽起衣袖，袖口也应扣好。

2. 领带的选择与系扎

领带是西装的灵魂，在西装的穿着中起着画龙点睛的作用。

选择领带的基本原则是：衬衫、领带与西装三者之间要和谐、调和。比如，西装与领带的花纹不要重复。如果衬衫是白色的，西装是深色的，那么，领带就不能是白色，而应是比较明快的颜色；如果衬衫是白色，西装的颜色朴实淡雅，领带就必须华丽一些。当然，除了衬衫、领带、西装的色彩协调应充分考虑外，这三者的色彩关系还应照顾到穿着者的肤色、年龄、职业、性格特征等等。

选择领带还应注意种类、质地、款式。在比较正式的场合，领带应选配质量好一点、款式新一点的，不要选"懒人领带"，在正式场合佩戴"懒人领带"，有失体面与风度。

领带系好后，应认真整理，使之规范、定型。领带上片的长度以系领带者呈标准姿势站立时，领带尖正好垂至裤带带扣中央下沿为最佳，不能太短，更不能比下片还短，也不能太长，太长了就显得很不雅观。在他人面前系领带，最好不要将衬衫领子竖起来再套上去，而应先将领带平整地套在衣领外，然后将宽的一头轻轻压入领角下，抽拉窄的一端，使领带自然滑进衣领内。

如果配有西装背心或毛衣、毛背心，领带须置于它们的里面，并且下端不能露出带头。毛衣、毛背心不能扎束在裙子或裤子里面。

礼仪名言录

冠必正，纽必结，
袜与履，俱紧切。
——《弟子规》

3．西装上衣的选择与穿着

选择西装以宽松适度、平整、挺括为标准。当穿好西装后，两臂自然下垂时，两肩以及前后襟应无褶皱；两袖的褶皱不明显，衣领要平整、无翻翘之处。

穿着西装一定要系好领带，要保持西装整洁、挺括，皱巴巴的西装是不能穿出去当礼服的。同时，要注意外衣、衬衫、领带颜色的协调。

西装纽扣的功能在于装饰。在非正式场合，无论是单排扣，还是双排扣，都可以不扣，以显示自然潇洒；在正式场合，则应将单粒扣扣上，或将双粒扣上面一粒扣上；个别西装有三粒扣的，应将三粒中的中间一粒扣上。

西装上衣的几个前襟外侧口袋，都是装饰用的。除左上方的口袋可以根据需要置放折叠考究的西装手帕外，别的口袋不应放入任何东西，以保证西装的笔挺。

钱夹、钥匙等物品应放入西装前襟两边内侧的口袋里。

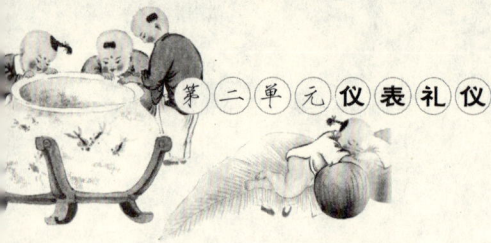

西装扣扣子的学问：扣单粒，为正式；两粒都扣显土气；一粒不扣是潇洒，只扣下粒便俗气。

4．西裤与裤带的选择

西裤的选择。西裤的选择除布料外，主要考虑大小和长短两个因素。西裤的腰部大小要适中，西裤长短要适当，太长会影响西裤的笔直、挺括，太短则可能在入座时露出腿部，有失雅观。西裤的两侧口袋不宜放置物品，特别是容易隆起的物品。

西裤带的选择。由于西裤带的前方显露于外，因此必须以雅观、大方为原则进行选择。西裤带的颜色以深色、特别是黑色为好，带头美观大方，不能太花哨。裤带的宽度按自己的体形确定。裤带扎好后，不应在裤带上挂钥匙等物品，否则让人觉得俗气。

5．鞋袜的选择

鞋的选择。我们常用"西装革履"来形容一个人的正规打扮，由此可见，在正式场合穿西装就一定要穿皮鞋，而不能穿凉鞋、球鞋或者旅游鞋。皮鞋以黑色系列为主，也可以穿深色、咖啡色皮鞋，皮鞋的鞋面一定要整洁光亮。

袜子的选择。着西装时，袜子应长一点，以坐下跷腿时不露出小腿为适宜。袜子的颜色最好是深色的，或者是西装和皮鞋之间的过渡色。女士如果穿裙子，应穿连裤袜，不要让袜头或腿露在外面。

礼仪之始，在于正衣冠

与人交往，给人第一印象的是服装，所以，《礼记》中说："礼义之始，在于正容体，齐颜色，顺辞令。""冠者，礼之始也。"要讲礼，首先就要把衣帽穿戴周正了。

中国是礼仪之邦，古人教导孩子早上起来就应该梳洗，以修整自己的容颜仪表；洗脸时一定要用手巾遮住衣领，卷起两个袖筒，不让它们沾湿；穿衣服要加以爱护，吃东西喝水时要小心，不要弄脏衣服；走路时要注意，不要让泥水溅到衣服上；劳作时一定脱去上衣，只穿短衣，以使做事方便；衣带要系紧，不要让它偏斜松懈；上到发结，下到鞋，都应注意修饰，使之和仪表相称；闲居和盛暑时，尤其应庄重，不能不穿衣服，不能裸露身体。

古代，无论男女，早晨起来要做的第一件事情就是梳头，把头发梳理整齐后盘起来，再用簪子把发髻固定住，上面还要用丝绸或者布包裹，这样既美观，又显得庄重。正衣冠，是生活态度严肃的体现。古人十分重视服饰礼仪，他们认为衣服的作用，除了御寒、遮羞之外，还可以体现审美情趣和个人修养。一个有教养的人，总是把精力放在内在的修养上，而服饰则讲求大方整洁，与自己的身份相称，不与人争奇斗艳、炫富摆阔。

《礼记》中还有"敛发毋髢，冠毋免，劳毋袒，暑毋褰裳"的规定，意思是说，头发要梳理束结起来，不要披着。帽子不要随便脱下，因为古代男子必须戴帽子，就像今天的军人戴军帽一样，军帽是不能随便脱下的。即使是参加劳作，也不要袒胸露背；天气再热，也不要撩起衣裳，或者赤裸上身。在公共场所没有特殊理由而打赤膊、光脚，是极不文明的表现，是对他人的不尊重。

古人强调服装要朴实，反对华而不实，认为外表的衣服要与内在的德性相称。《礼记》中说："童子不衣裘裳。"意思就是说，裘皮服装太过华贵，少儿不应该穿这样的衣服。

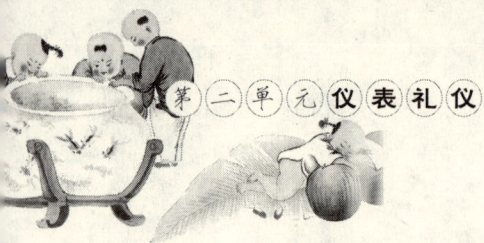

古人要求衣冠的穿戴要紧凑。朱熹提出了"三紧"的标准：帽带要紧、腰带要紧、鞋带要紧。帽带、腰带和鞋带都扎紧了，人的精神状态才会振作起来，显得朝气蓬勃，才能受到别人的尊重，认真做事。

礼仪故事吧

晏子使楚

晏子出使楚国，楚王想羞辱他，便命令迎接晏子的官员在王宫大门的一侧开一个小门让晏子进去。晏子不进，说："只有出使狗国的人才从狗洞进出。你们堂堂楚国，难道是一个狗国吗？"迎接他的官员十分尴尬，连忙请晏子走大门进去。

晏子拜见楚王。楚王说："难道齐国没有人了吗？怎么会派你为使者？"晏子回答说："泱泱齐国，人丁兴旺。就说我们都城临淄吧，人们一起张开袖子，就会遮天蔽日，一起挥洒汗水，便会大雨滂沱。街上的行人摩肩接踵，怎么能说没有人呢？"楚王说："既然是这样，齐国又为何打发你来呢？"晏子回答说："齐国派遣使臣是看对象的。贤能的人就被派到贤能的国王那里，不贤的人就被派到不贤的国王那里。我晏婴是齐国最无才能的人，当然被派到楚国来了。"楚王一时无言以对。

按照礼节，楚王宴请晏子。酒酣耳热之际，只见两个士兵押着一个人来到楚王面前。楚王问："他是什么人？"士兵回答说："一个小偷，齐国人。"楚王看着晏子，说："齐国人难道生性就喜欢偷盗吗？"晏子回答说："我听说，橘子生长在淮南就是橘子，生长在淮北就成了枳子。虽然它们的叶子形状相似，果实的味道却大不相同。为什么这样呢？是因为水土不同。现在，生活在齐国不偷不盗的人，到了楚国竟然成了小偷，莫不是楚国的水土让人偷盗啊！"楚王笑道："看来，不能同圣人随便开玩笑啊，寡人是自讨没趣了。"

礼仪小测试

①现在，一些正值妙龄的中国女孩将一头秀发染成了黄色，"黄发"似乎成为一种时髦，成了"美发"的象征。说说你对这种做法的看法。

②眼睛是心灵的窗口。同学们要学会观察，学会透过眼睛读懂别人的心灵。说说你自己在这方面的体会。

③我们倡导倾听，是因为倾听意味着敞开心扉，接纳对方，体贴对方，是谦虚的一种表现，体现了一个人良好的修养。但是，有人选择倾听是因为他信奉"沉默是金""祸从口出""言多必失"的人生哲学，试就此谈谈二者的区别，说说你的主张。

④俗话说："人靠衣装，佛靠金装。"谈谈你的看法。

学校礼仪

学校是同学们学习的主阵地。就一天而言，同学们的绝大多数时间是在学校中度过的，大家要参加学校的各种活动，要与老师、同学相处，掌握必要的、基本的学校礼仪自是同学们作为学生的题中应有之义。

第八课 校园礼仪

一、做一个文明的人

"人，一撇一捺，写起来容易做起来难。"同学们要经常思考，我在做什么，我做得怎么样，我要成为怎样的人……做怎样的人，这个问题会有很多答案，但是这些答案的背后都有一个基本点，那就是做人首先要做一个文明的人。《小学生日常行为规范》《中学生日常行为规范》明确要求现代学生要礼貌待人，遵规守纪，严于律己。

作为一名学生，同学们从小就应讲文明、懂礼貌。语言和行为都要彬彬有礼，文雅而不粗野，要善于使用礼貌用语。与人说话时，态度要和蔼、谦逊、文雅、亲切、得体。无论在校内还是校外，要讲究自己的仪容仪表，礼貌待人。

作为新时代的学生，同学们应该注重自己在日常的学习和生活中的言谈举止，自觉履行文明礼仪。对于学生而言，文明是路上相遇时的微笑，是同学有困难时的热情帮助，是与人相处时的坦诚，是遇到师长时的主动问好，是一不小心碰到对方后的一声"对不起"，是自觉将垃圾放入垃圾箱的举动，是看到有人随地吐痰后的主动制止……文明是一种品质，是一种修养，是被大家广泛推崇的一种道德行为。做文明人就要文明说话，文明做事。

作为新时代的中小学生，同学们如果不能继承和发扬中华传统美德，就不可能成为一个合格的学生，不可能成为一个文明的人。"良言入耳三冬暖，恶语伤人六月寒。"讲文明、懂礼貌是我们生活中最重要的事情，只要大家遵守学生守则和日常行为规范，严格要求自己，尊敬师长，团结同学，文明言行，我们就会成为新时期的好学生。

同学们，学习文明礼仪，我们不能仅仅停留在口头上，而要切切实实地落实到行动中。"勿以善小而不为"，让我们从身边的小事做起，从我做起，从现在做起，

把文明礼仪融入到我们的日常学习和生活之中，让礼仪伴随我们健康成长！

二、学校礼仪的功用

学校礼仪区别于其他礼仪，一在于它有特定的对象，主要指师生之间、同学之间的相处礼仪；二在于它有特定的适用范围，限于校园以内，也包括对师生个人仪容仪表方面的要求。

1．学校礼仪有助于维护同学们的形象

同学们讲礼貌，注意个人仪表，衣着得体、朝气蓬勃、积极向上，或活泼、或秀气，朴素大方，知书识礼，会使学校这块教育圣地显得更加神圣。同学们只有在日常学习和生活中认真学习礼仪，应用礼仪，使自己举止得体、温文尔雅，自然会塑造出自己的良好形象。

2．学校礼仪有助于同学们提高自身综合素质

教养体现于细节，细节展现素质。一个人的个人素质，正体现在日常生活的一言一行、一举一动之中。同学们如果在社会生活中表现得体，往往会得到积极的肯定。基于此，我们要认真学习礼仪，把礼仪用之于生活，用之于社会，从而塑造完美自我。

3．学校礼仪使同学们更善于正确处理人际关系

人人都有友爱他人和受人尊敬的需要，中小学生也是如此。同学们希望自己受到公正、平等的对待，而这种公正、平等正是建立在彼此互相尊重的基础上的。学校礼仪教育，在促使同学们尊重他人，完善自我的同时，必然能帮助同学们处

理好各种人际关系。我们在学习与应用礼仪的时候，要以自律为主，以敬人为先。

三、进出校门的礼仪

从小学一年级起，同学们每天往返于学校和家庭之间。大家想想，当你步入校门和离开校门的时候，你注意过自己的仪容仪表吗？同学们，你们是学校的主体，你们要明白，自己的仪容仪表必须符合学生身份和学校要求，大方、得体的仪表是对老师、同学的尊重。现在，许多学校的校门口或教师楼前，都会放一块"正衣镜"，就是希望同学们进出校门时提醒自己，看看自己的仪表仪态是否端正整洁。

同学们上学要准备好当天的书本和学习用具，校服要干净整洁，不邋遢，不破烂。出门时要跟爸爸妈妈说"再见"，路上碰到同学要打招呼相互问好。同学们步入校门，要保持朝气蓬勃、奋发进取的精神状态，要严格遵守学校纪律，不吃零食，不大声叫喊，不勾肩搭背，不嘻哈打趣，不追逐打闹，要向值勤的同学亲切友好地示意，轻松活泼、大大方方地进入校园。骑自行车的同学要主动下车，推车前行。见到老师要主动问候，面带微笑地跟老师说："老师，您好！"老师，您早！"戴红领巾的同学可向老师敬少先队队礼，戴团徽、校徽的同学可向老师行鞠躬礼。

放学离开学校时，要向老师鞠躬致敬，并与老师亲切道别，对同学也要友好地说"再见"。出校门时不拥挤，不在校门口逗留、玩耍，要尽快回家。

遵守门卫制度。学校门卫担负着学校保卫工作，防止外人进入学校干扰、破坏学校正常秩序。对于门卫的检查和监督，每个同学都应当努力配合。如果因为自己的举止不符合校规而受到批评时，一定要虚心诚恳地接受批评，不可有抵触情绪，更不能有粗暴的言行。

礼仪小常识

入校门，衣冠整；情绪昂，步履正。铃声响，进课堂；互致礼，起勿响。
要发言，先举手；起立答，声洪亮。课间时，要活动；文明玩，会放松。
花儿美，草青青；爱校园，护环境。同学间，互关心；善理解，乐助人。
见师长，问您好；尊校纪，护校风。坐姿正，勿摇晃；专心听，细心想。
写作业，贵独立；老师见，心欢喜。遇老师，要让路；与师谈，要谦恭。
班集体，是个家；同学们，爱护它。要诚实，懂谦让；团结紧，有力量。
敬人者，人恒敬；集体荣，我才荣。爱公物，惜粮米；讲卫生，防病疾。
教室里，建友谊；室清洁，物整洁。有集会，守时间；明纪律，姿态端。
升国旗，要庄重；身肃立，情感浓。少先队，是先锋；红领巾，飘在胸。
学校里，有规矩；勿喧哗，不逐跑。节水电，当仔细；好习惯，在自己。
放学时，按时到；会审美，乐成长。入有序，位有方；好风格，要发扬。
降国旗，止步行；爱祖国，记心中。手高举，把礼敬；红火炬，伴我行。

四、遵守校园文明公约

　　学校是同学们学习和生活的场所，只有做到爱护校园公共财物，我们才能拥有美好的环境。可是，在校园里，时常会看到一些不和谐的情景：有的同学为了抄近道而随意践踏草地；有的同学不爱护校园的体育设施，抓住单杠、篮球架摇晃，或者在乒乓球台上乱蹦乱跳；有的同学在校园黑板报上乱涂乱画；有的同学不爱惜学校的教学设备，不按照正常程序开关电脑，……这些做法不仅破坏了学校公物，严重干扰了学校教育教学秩序，影响了教育教学活动，而且是一种很不礼貌的行为，让美丽的校园蒙羞。

同学们要自觉遵守校园文明公约，坚决抵制校园里的不文明行为，做到：

凭证件（校卡或学生证）进校。

骑车进出校门时必须下车，安全线内不骑车。

不用自行车带人，不胡乱停放自行车。

爱护校内植物，不踩踏、攀折、毁坏花草树木。

爱护校园公共财物，不乱涂乱画，不随意挪动、损坏财物。

讲究校园清洁卫生，不乱倒垃圾，不乱丢乱扔，不带宠物。

维护校园秩序，不嬉闹，不喊叫，不追打，不吹口哨。

讲究仪表，不穿背心（体育活动除外），不穿拖鞋。

不在校道、课室、走廊从事体育活动。

礼仪小·常识

校园文明公约

进校：穿戴整洁重仪表，不赶时间不抢道；门前下车有礼貌，见到老师要问好。

集会：出操集会快齐静，升旗仪式要庄重；集中精力听和记，举止文明地面净。

锻炼：体育活动要参加，动作规范练到家；持之以恒是关键，体魄健壮人人夸。

学习：上课专心会思考，聚精会神勤动脑；各种课程都重要，学会学习是法宝。

课间：课间休息不打闹，文明整洁要做到；上下楼梯有秩序，安全和谐最重要。

公物：公共财产莫糟蹋，墙体窗栏莫贴划；苗木花草勤护理，校园美化靠大家。

生活：勤俭节约不挑食，文明进餐讲秩序；饮食作息有规律，冷饮零食少摄入。

离校：教室卫生勤打扫，关窗关灯门锁好；同路同学结伴行，平安回家准时到。

目标：校园公约大家定，日常行为常自省；同学之间互勉励，遵纪守法校风正。

第九课 师生礼仪

一、尊师是学生的天职

尊师重教自古以来就是中国的传统美德，"善之本在教，教之本在师"。教师是文化知识、道德伦理、价值观念的传授者，承担着"传道、授业、解惑"的责任，理应受到尊重。尊敬老师，是师生和谐相处的基本前提。

尊敬老师是一种本分，是学生的天职。

1．主动问候老师

同学们尊敬老师，这种尊敬首先体现在礼节上的尊重，学生见到老师应主动行礼问好，有时候，一声亲切的问候可以化解老师一天的疲劳。尊敬老师也体现在学生与老师说话时语气温和，语调平稳，能保持身体端正，双目注视老师，认真听老师说话，不指手画脚，不东张西望，不将手插在口袋里。尊敬老师还体现在学生课前主动擦讲台、课间擦黑板等小事，这些看似简单的行为，体现了学生尊敬老师的意识，老师也能从中体会到学生的细心。尊敬老师更体现学生对老师劳动的理解，能用刻苦的学习、优异的成绩报答老师的辛勤付出。

礼仪名言录

从于先生，不越路而与人言，遭先生于道，趋而进，正立拱手。

——《礼记》

同学们进老师的办公室或宿舍时，应先敲门，经老师允许后方可进入。在老师的工作、生活场所，不能随便翻动老师的物品。

2．提意见要讲分寸

每一个人的成长都离不开老师。在学习知识的过程中，同学们难免会因为这样那样的原因挑战权威、质疑老师。有人说，不会提出个人见解的学生多半不是好学生，可是老师毕竟是长者，即便他们在某一个环节上犯错误，作为学生也要尊重他们，可以选择合适的时机以恰当的方式向老师提意见。有些问题，如果老师不了解实情，就难以找到解决矛盾的途径和方法，因此如果有意见，应该坦诚地告诉老师。

同学们向老师提意见，要注意语气和方式，否则不但不利于问题的解决，而且容易引起误解和反感。即使是很普通的朋友和同龄人，在给对方提意见的时候，也要考虑到是否会伤害对方的自尊心，对于师长，更应该如此。如果有意见要提，一定要注意用礼貌、商量、交换意见的口气进行，不要武断地说你这不对，你那不对，更不能因为老师的失误或不足而在言语中表现出不屑。在提意见时，不要用"我的意见绝对没错"等口气，不要固执己见，不要强加于人，要谦虚谨慎，要客观表明自己的态度，同时给别人表达观点的权利和机会。

礼仪名言录

侍坐于先生，先生问焉，终则对。

——《礼记》

3．上课答问有讲究

老师上课提问，是检验教学效果的最快捷和最直接的方法。一方面可以了解学生对教学内容是否理解接受，另一方面又可启发学生积极思维，使学生的注意力集中。而学生的回答，反过来又能启发老师的思维，因此学生要有礼貌地对待老师的提问。

同学们如要回答问题，应先举手，并要在老师点到自己的名字时，方可站起来答题。切不可坐在座位上，七嘴八舌地发言，也不要抢先答题。回答问题时，站姿、表情要大方，说话声音要响亮、清晰。

老师上课提问，即使你对提的问题答不出来，也应站起来，用抱歉的语调实事求是地向老师说清楚。在别人回答时，不应随便插嘴。别人答错了，也不应讥讽嘲笑。自己能答，可以举手，得到老师允许后，再站起来补充回答。

礼仪名言录

侍坐于先生，先生问焉，终则对。
——《礼记》

4．真心谢师不送礼

教师节本身提倡的是尊师重教，促进师生之间的纯洁友谊。现在随着社会经济的快速发展，一些家长为了使自己的子女在校得到老师更好的照顾，借教师节之名给老师送礼，这种行为不应提倡。

尊师重教是优良传统，但老师和学生的感情是不能用礼物来衡量的，同学们都应真心感谢曾经教过自己的老师，珍惜可贵的师生情。其实，一份优异的成绩、一声深情的祝福、一首诗、一幅画就是对老师最好的祝福。

懂得礼貌，用心交往，与老师关系融洽，既可以促进学习，又可以学到很多做人的道理，会使你一生受益。相信大家能做得很好。

二、学生与教师相处的礼仪

师生之间的交往是校园里最重要的人际关系。有道是，"一日为师，终生为父"。在我国传统文化里，有"天地君亲师"的说法，为人师者的地位仅次于父母，今天教师则被尊称为 "人类灵魂的工程师"。教师是同学们获取知识的重要来源之一，是同学们处理疑难问题的向导，他们"春蚕""蜡炬"般的无私奉献精神，值得我们永远学习和尊重。身为学生，我们更应该尊敬自己的老师。

教育学生，是每一名教师的天职。古人云："教不严，师之惰。"教师对学生的批评教育，既是教师教书育人的神圣职责所系，又是教师关心、爱护学生的一种具体表现。每一名同学，要正视老师的批评教育。

1．虚心对待老师教育

当老师对学生进行批评教育时，同学们应当起身站立，恭敬倾听，虚心接受，并对老师给予自己的关怀表示感谢。同学们应该理解老师的谆谆教导和良苦用心，因为老师对学生所进行的批评，都是出于善意。有时，老师因为了解情况不全面，对学生的批评可能会出现偏差；有时，老师因为对学生"爱之深"故而"责之切"。遇到这种情况，同学们一定要头脑冷静，维护老师的威信，不要和老师发生正面冲突，更不能对老师的教育不屑一顾，甚至扬长而去。

2．认真听取老师教诲

当老师对学生进行批评教育时，同学们一定要端正态度，认真听取老师的教诲。"有则改之，无则加勉。"对于和老师产生的误会，同学们要表现出足够的耐心，可以在适当的时候平心静气地向老师作出解释。如果自己对老师的教诲有不同意见，也要等老师批评结束后，再态度诚恳地向老师提出自己的意见。

3．努力学习，回报老师

勤奋学习、早日成才、服务社会，是老师对学生的最大心愿，同学们应该努力学习，刻苦读书，以优异的成绩回报老师的拳拳之心。

礼仪故事

程门立雪

杨时是北宋时一位很有才华的才子，中了进士后，他放弃做官，继续求学。程颢、程颐兄弟俩是当时很有名望的大学问家、哲学家、教育学家，同时是北宋理学的奠基人。他们的学说为后来的南宋朱熹所继承，世称程朱学派。杨时仰慕二程的学识，投奔洛阳程颢门下，拜师求学。

四年后，程颢去世，杨时又继续拜程颐为师。这时他年已四十，仍尊师如故，刻苦学习。一天，大雪纷飞，天寒地冻，杨时碰到疑难问题，便冒着凛冽的寒风，约同学游酢一同前往老师家求教。当他来到老师家时，见老师坐在椅子上睡着了，他不忍打搅，怕影响老师休息，就静静地侍立门外等候。当老师一觉醒来时，他们脚下的积雪已一尺深了，身上飘满了雪。老师忙把杨时等两人请进屋去，为他们讲学。后来，"程门立雪"成为了广为流传的尊师典范。

三、教师与学生相处的礼仪

教师这个职业是神圣而伟大的，教师应该讲究师德，尊重和理解学生。

受旧时"师道尊严"的影响，传统观念认为，学生应该服从老师，老师批评学生理所当然。但是，当今学生个体意识明显加强，追求个性发展，崇尚人与人之间的平等交往。所以，教师要换位思考，以人为本，尊重学生，理解学生。

无论学习成绩是否优秀，同学们都希望自己能得到别人的鼓励与赏识、理解和信任。然而，当他们的这种需求得不到满足时，自制力弱的同学通常会产生很强的逆反心理或者自卑感，而自制力强的同学则会产生极强的自尊心。作为学生的心灵导师，教师在教书育人的过程中既要严格要求学生，又要充分尊重学生。只有把学生视为服务对象，一心一意为学生服务，才能赢得学生的尊重与爱戴。

礼仪名言录

师者，所以传道、
授业、解惑也。
——[唐] 韩愈

1. 平等对待学生

校园里，师生之间没有人格上的尊卑和贵贱之分。教师要平等对待学生，不能以家长式的作风和高高在上的态度对学生颐指气使。当有同学犯了错误，教师对他进行帮助、教育乃至批评时，必须抱着与人为善的态度，这样学生才易于接受。相反，如果教师对学生讽刺挖苦，那就只会引起学生的反感。久而久之，师生间的隔阂会越来越深。

2. 无限信任学生

信任是良好师生关系的基础。信任是教师教育学生的前提，教师信任学生是对学生的尊重。教师无端地猜测和怀疑学生通常会引起学生的极大反感。事实上，老师把学生看待成什么样的人，就等于暗示学生应该成为什么样的人。信任能够

激发学生的自尊心，而学生通常会从老师的信任和期待中体验到做人的尊严，从而激发出蓬勃向上、努力学习的热情。

3. 尊重学生个性

由于先天因素、家庭教育和环境影响的不同，在同一个班级里，同学们会呈现出不同的特点和差异。教师应该因材施教，有针对性地对待学生的个性差异，不管是优秀学生还是"后进生"，不管是"听话"的学生还是调皮捣蛋的学生，都应该有信心、爱心和耐心，一视同仁，不抱偏见。教师要以学生为本，对每一个学生的个性心中有数，有目的、有计划、有步骤地对每一个学生进行认真细致的教导。

少 年 学 养 篇

三人行，必有我师

鼎 鼎

《三字经》说："子不学，非所宜，幼不学，老何为？玉不琢，不成器，人不学，不知义。为人子，方少时，亲师友，习礼仪。"意思是说，孩子小时候不学习，是不应该的。小的时候不学习，老了还能干什么呢？一块玉石如果不经过雕琢，就不能成为一件精美的玉器。人如果不学习，就不知道是非对错。孩子小的时候，应该特别注重三个方面：亲近良师，亲近益友，学习礼仪。

在古代，孩子正式上学的第一天，要向孔子的牌位磕头，以表示尊敬老师。那时候，私塾门口一般都会挂一块牌子，上面写着：溺爱免送。如果家长觉得孩子上学辛苦，过于溺爱孩子，那就不要送来学习了。古人如此尊师重教，值得今人学习借鉴。

　　这里给同学们讲个小故事：孔子在周游列国的时候来到鲁国，他看见旁边有个农民正在地里干活，就故意考问农民："你每天在地里干活，可你知道你这个锄头每天要抬多少下吗？"农民被孔子的问题给难住了。这时从旁边跑来一个小孩，他就是项橐。他说："我爸爸每天种地，当然知道锄头一天要抬几下。你每天出门乘车，你知道马蹄子一天抬多少下吗？"孔子被项橐的反问给难住了，想难为一下这个孩子，便对他说："我出一个问题，你出一个问题，如果你能回答出我的问题，而我没有回答出你的问题，我就拜你为师。反之，你就拜我为师。"项橐答应了。

　　孔子便问："天上有多少星辰，地上有多少五谷？"项橐说："天上有一夜星辰，地上有一季五谷。"回答完后，他便问孔子："你能说出自己有多少根眉毛吗？"孔子又被他的问题难住了，回答不上来，于是只得虚心地拜项橐为师。

　　其实，说到学问，项橐肯定不如孔子，但是项橐能言善辩，机智聪明，所以孔子拜他为师，这不仅是为了遵守诺言，而且因为孔子一直推崇向任何有优点的人学习的精神。通过这个故事，同学们应该明白这样一个道理：圣人都如此好学，我们这些平常人更要不断地学习，正所谓"学无止境"。至圣先师孔子尚且这样勤学好问，从不计较身份地位，想方设法向人学习，并提出了"三人行，必有我师"的观点，同学们现在有着良好的学习环境，更应该抱着尊敬老师、刻苦学习的心态，从老师那儿领受知识和教诲。

第十课 同学礼仪

一、可贵的同学友情

同窗之谊是人类美好的感情之一，人生中最纯真的友谊往往是在校园里结成的，人生中最诚挚的朋友也往往是自己的同学。同学们一定要珍重同窗情谊，彼此关爱，互相帮助。

1．热情随和

这是与同学相处的基本原则。很难想象一个为人冷漠、口是心非、不关心别人的人，会有人愿意与他交往、做朋友。关心别人的人常常会得到别人更多的关心。为人谦虚，就是不狂妄自大、夸夸其谈、自以为是；为人随和，就是要善于与人相处，善于听取别人的意见，既不拒人于千里之外，也不一味地随声附和。

2．真诚友善

与同学交往时，一定要以诚相待、与人为善。以诚待人，就是要心口如一、言行一致。与人为善，常怀感恩之心，善待他人，就是善待自己。

3．团结友爱

团结友爱，不仅是对同学们的基本要求，也是同学们完成学业的重要保证。在日常生活中，要主动团结同学，特别是要团结每一位同学，注意自己的一言一行、一举一动都要从团结的意愿出发。

4．互相帮助

同学之间要互相爱护、互相关心、互相帮助。在很多时候，同学们只有互相帮助才能战胜困难。当同学有求于你或有困难时，我们应该热情地伸出援助之手。同学们还要积极主动帮助身体残疾的同学和家庭困难的同学。同学们帮助别人时应该注意：一是应该量力而行；二是应当耐心细致；三是只讲付出，不图回报。

二、同学之间如何相处

俗话说"一辈同学三辈亲"，同学之间的情谊，被视为人类最美好的情感之一。同学之间的友谊是最纯洁、最真挚的，也是最值得珍惜的。对于每一名同学而言，处理好同学关系，将对自己的学习和成长带来极大的帮助。而如何与同学友好相处，是同学们讲文明、重礼貌的重要一环。

1．珍惜友谊

同学友谊需要互相包容、细心经营。同学们讲话要注意场合和分寸，该说的说，不该说的一定不能说。古人说："盛喜时，勿许人物；盛怒时，勿誉人言；盛喜之时，多失信；盛怒之时，多失体。"在自己高兴和生气的时候，更要注意自己的一言一行。

《小学生日常行为规范》《中学生日常行为规范》规定：未经允许不进入他人房间，不动用他人物品，不看他人信件和日记。同学间即使关系亲密，这些人际交往的"小节"也都是要十分审慎对待的。

礼仪名言录

敬人者，人恒敬之；
爱人者，人恒爱之。
——孟子

2．宽以待人

在校园中，由于每一名同学的性格、习惯、生活环境不同，同学之间难免有一些小摩擦。这时，应该心胸开阔，不计较，更不能无事生非。"海纳百川，有容乃大。"同学们一定要学会理解和宽容，要能够站在对方的角度，设身处地为他人着想，懂得宽以待人，善于原谅别人的错误和过失。团结同学，是为了与之互相帮助、共同进步，而不是拉帮结派、搞小集体，甚至成为校园"小霸王"。在任何情况下，我们都不能挑拨离间，破坏同学关系。

3．忌玩笑过火

同学之间朝夕相处，难免彼此开个玩笑。开玩笑时要讲究轻重，千万别说到对方的短处或是痛处。当被开玩笑的同学露出不快的神情时，一定要及时停止玩笑，立即安抚对方。

礼仪小贴士

同学之间相互称呼"外号"其实是一种亲昵的举动，但是这要看"外号"是否起得恰当。有的"外号"对对方是一种赞赏或表扬，并非含有贬义，比如称爱学习的同学为"小学究"，叫班上年纪最小的同学为"小不点儿"。但是，如果给同学起的"外号"是嘲笑对方身材、智力、家庭等缺憾，甚至是具有侮辱性的"外号"，就是对别人的不尊重了，应该禁止。

三、男女生交往要得宜

男女同学在校园里共同学习、生活，双方都应该了解一些男女同学相处的礼仪。

1．尊重异性

男女同学在日常交往的时候，既要反对"重男轻女""重女轻男"的错误观念，又要注意尊重异性，坚持男女平等。

鼓励男女同学之间的正常交往。男同学在与女同学交往时，应该光明磊落、彬彬有礼，注意体贴和保护女同学；女同学在与男同学交往时，则应该自尊自爱、落落大方、善解人意，给予男同学应有的关心和帮助。

如今，全社会已经形成了尊重和照顾女性的风气，在校园里，男同学也应该主动关心、帮助和照顾女生。

2．把握好交往的分寸

异性同学交往，男同学要先得到女同学的允许。言谈举止上，男同学要阳光透明、高雅得体，女同学要端庄大方，神态自若。谈话时间要短，相互不要靠得太近。在校外偶遇或者久别重逢时，一般情况下，男生不宜先主动要求握手。

异性同学间的相处要特别注意以礼相待，相互之间不宜久久凝视对方，也不要彼此打闹、嬉笑。对异性同学的容貌、体态和衣着不要评头论足。对异性同学的缺点或生理缺陷，不可冷嘲热讽。

3．异性同学之间不宜过分亲密

正处于青春发育期的男女学生，往往对异性同学会产生一定的好奇和兴趣。但是，由于社会阅历不足、自我控制能力不强，有的同学会感情冲动，甚至想入非非，迷失自我。在这种情况下，异性同学如果过分亲昵，有可能陷入早恋的泥沼，从而影响到学业，甚至影响身心健康，这是非常有害的。

礼仪小贴士

正处于生理、心理发育成长期的男女同学,彼此产生好感是非常正常的。要好的男女同学应该互相帮助,但不可越界,应该把对同学之间的好感化为学习上的动力,相互支持与促进,使学生生活留下难忘的美好记忆。

四、同学之间平等相待

平等是人际交往中一条基本的原则。然而,在校园里,同学们很可能会受一些人、事物或习惯的影响而慢慢形成某些不应有的偏见。这种偏见一旦产生,有可能使一些同学产生某些错误的观念。

国外有一位小学教师,当她发现自己的学生幼小的心灵竟受到成人潜移默化的影响而形成了种族偏见时,她特意为全班同学组织了一次"角色互换"的游戏。她先把学生按眼睛的颜色分为棕色眼睛和蓝色眼睛两组。这天,她向学生们宣布:棕色眼睛的学生比蓝色眼睛的学生更为聪明伶俐。于是,棕色眼睛的学生个个洋洋自得,觉得高人一等,而蓝色眼睛的学生因为受到嘲笑和鄙视,自尊心受到伤害,变得十分焦虑。到了下一周,女教师又宣布:"其实,蓝色眼睛的人更优秀更聪明。"与之前不同的是,蓝色眼睛的学生因曾经受过歧视,知道那种心灵上的痛苦感受,所以他们对棕色眼睛的学生并没有那么刻薄无情。最后,女教师对学生们解释说,这不过是一场游戏,仅凭一个人眼睛的颜色,绝不可能判断出他是聪明还是愚蠢,是"上等人"还是"下等人"。

同学们从这个"角色互换"的游戏中懂得了一个十分简单的道理:受人歧视是痛苦的。因此,他们学会了以平等的态度与人友好地交往,这必然影响到他们的一生。

　　通过上面这个小故事，同学们一定懂得了同学之间平等相待，一视同仁的重要性。是的，一个同学不能因为家长身份的高低、家庭条件的好坏、个人阅历的深浅和特长的多少而对另一个同学"另眼相看"，也不能因为某个同学学习成绩、表现，甚至长相等方面不如自己而看不起他，更不能因为自己受到老师或学校的表彰，或获得某种荣誉称号，或担任班干部、团干部、学生会干部而自觉高人一等。同学们要树立平等待人的观念，为今后走向社会、在更广阔的领域与别人平等交往、广交朋友打下坚实的基础。

　　在我国，随着社会经济的快速发展，有数千万进城务工人员的子女离开家乡，跟随父母来到城市。他们渴望像城里的孩子一样生活和学习，成为城市的一员。农民工是现代城市的建设者，没有他们，我们的城市就不会像现在这样欣欣向荣。而农民工子女更是关乎我们国家的未来。这些年，各地不断加大力度解决农民工子女上学难等问题。然而，这些孩子要真正融入城市，还需要我们打破一道道看不见的心墙。同学们，伸出双手，紧紧拥抱我们的同龄人吧。要尊重农民工子女的人格，保护他们的自尊心。尊重别人就是尊重自己，看轻别人也就是看轻自己。只有我们大家互相尊重、互相关爱，社会才会更和谐，更温暖！

五、不炫耀，不攀比

　　《弟子规》中说道："若衣服，若饮食，不如人，勿生戚。"意思是说，不要和人攀比衣服和饮食，更不要因不如别人而不愉快。

　　这里给同学们讲一个"阮咸晒衣"的故事。阮咸是西晋时期著名的文学家，小时候家里非常贫寒，吃的、穿的都很平常。但阮咸在有钱人面前泰然自若，一点儿都不自卑。在古代，人们有在每年农历的七月初七晒衣服的习俗，但是有些穷人家是不晒的，或者只挑几件稍微像样的衣服拿出来晒一晒，怕丢脸。阮咸却非常坦然，家里有什么衣服，他就晒什么衣服，哪怕是一地的破衣服。别人都跑过来看，他也不在乎，很淡然：我不和你们比衣服，我和你们比才华。于是，"阮咸晒衣"就成了千百年来中国人教育孩子的典故：不要因为你富贵就看不起人，

不要因为你贫穷而感到自卑。重要的是，你是不是通过努力拥有了知识和才华！

同学们爱炫耀虽然是一种符合年龄发展的正常现象，但一般都需要进行纠正。有的同学争强好胜，有了成绩便沾沾自喜，唯恐天下不知。有的同学印名片、买高档用品，个别富家子弟甚至戴着钻戒进课堂。这些实与中华传统美德不相符合。

喜欢攀比的心理反映了同学们认知世界的水平的低下和独立、自立能力的欠缺。同学之间要的不是炫耀，不是攀比，而是适度的比较和竞争。同学之间可资比较和竞争的应该是自身创造的价值，例如学习成绩、创造能力、思维能力，这些是同学们个人努力的结果。这种比较和竞争不仅可以彼此激励，还有助于同学们形成正确的世界观和人生观。

六、尊重隐私，保守秘密

一个人总有一些纯属个人私密的东西，这些"隐私"往往不宜扩散，只能在自己与挚友之间"你知、我知"。这些隐私包括伤心的心事，包括快乐的秘密，也包括生理的缺陷、个人的恩怨等。在校园里，同学之间要尊重对方的隐私，保守对方的秘密。需要注意：

1．不要私自翻看同学日记

偷看同学的日记是不礼貌的行为，也是不尊重他人的表现。偷看了同学的日记，如果对方与你的关系一般，你就不太可能得到他的信任并成为好朋友了。如果对方与你关系不错，你就很可能失去对方的信任，双方关系因此疏远。我们要克服对同学日记的好奇心，当同学不在场时，还要远离日记以免嫌疑。

2．不可私拆私藏同学信件

现在，虽然有了电子邮件，但同学们仍会收到数量不多的信件。面对同学信件，即使明知某信件中可能存在有大家感兴趣的隐私，但无论如何，你都无权私拆私藏同学信件，更不能在公众场合朗读被私拆的信件的内容，逗笑取乐。这不只是不尊重别人的表现，更是一种违法行为。

同样，未经同意，不得动用同学的手机，不得查看同学的手机短息、手机通话记录，不得查看同学 MSN、QQ、飞信、微信等现代即时通信工具的聊天记录。

礼仪小常识

校园社交三字歌

校园内，讲人际，同学熟，重实约。

小消息，背后议，招人嫌，众口弃。

人与人，需沟通，若忽视，朋友失。

独行侠，众非议，无交流，性孤僻。

寒窗中，应朴素，追奢侈，学业失。

不炫耀，不攀比，守诚信，和睦处。

3．不窥探同学隐私

随着年龄的增长，同学们都会有一定的个人隐私。有的同学不愿意将自己的某些情况或家中的某件事告诉别人，应当受到尊重。在校园生活中，每位同学都应该尊重别人的隐私，不要刨根问底地去探询、查问、追查别人不愿意公之于众的事情。如果你热衷于别人的个人生活，轻者会引起对方的厌烦和不满，重者可能侵犯他人的隐私权，触犯法律。

4．懂得避嫌

当同学有亲朋好友来访，或谈论一些私事时，其他同学要注意适当回避，切不可在一旁偷听，也不要插话询问。有时，因个人私事，某同学需要离校，对此

其他同学不要去打听、追根寻底，相反应该积极协助该同学向班主任或学校请假。

礼仪故事吧

交几个好朋友

江丽萍

　　人世间最美好的莫过于有几个心地善良且正直的朋友。子曰："益者三友，损者三友。友直，友谅，友多闻，益矣。友便辟，友善柔，友便佞，损矣。"意思就是说，我们要同正直的人、诚信的人和见闻广博的人交朋友，不同谄媚的人、背后毁谤别人的人和夸夸其谈的人做朋友。

　　朋友对一个人一生的影响很大，我们一定要谨慎交友。常言道："物以类聚，人以群分。"我们可以通过朋友这面镜子，了解自己，发现自己的不足，并及时改正。友情不仅可以满足情感表达与交流的需要，还可以使人获得价值上的认同。子曰："有朋自远方来，不亦乐乎？"纯粹的友情带来的是超脱功利的快乐，人生道路上的相互关照，一点一滴往往最能透出友情的珍贵。朋友也是良师，可以帮助我们提高自己的品德修养。当我们要实现某种崇高的价值或理想时，志同道合的朋友的帮助更是不可缺少的。

　　纯真的友情是相互的。子夏曰："君子敬而无失，与人恭而有礼。四海之内皆兄弟也。君子何患乎无兄弟也？"这段话告诉我们，友谊是需要双方共同建立和维护的，我们不能只要求对方符合自己的要求，还要使自己能让人接受。要做到这一点，恭敬有礼是基本的条件。此外，子夏在这段话中还提出了与人交往应有的气度，当一个人能够自立于天地之间，视野达到一定境界时，什么人不能成为我的朋友？

　　同学们在学习和生活中，一定要注意好好地交友。要知道，好朋友是我们哀伤时的缓和剂、激情时的舒解剂、灾难时的庇护所，好朋友是温馨与沉着的爱。

2222222222

第十一课　课堂礼仪

课堂是学生学习的主要场所。规范的课堂礼仪，不仅有利于学生养成良好的行为习惯和道德品质，还有利于学生更好地学习科学文化知识。同学们应该严格遵守课堂礼仪规范。

一、课前礼仪

1. 课前准备

同学们，做好课前准备是对老师起码的尊重，也是大家必须有的礼貌。上课后，值日同学应擦净黑板，整理好讲台。其他同学应做好下一节课的学习准备，把书本和学习用品整齐地摆放在课桌的左上角。如果下一节课是室外课、艺术课、实验课、信息技术课，学生应于预备铃响之前到达指定地点或场地，听候老师安排。

2. 课前静息

预备铃响以后，同学们应安静、有序地进入教室，立即归座，静息，等待老师上课。整个过程动作要轻，避免课桌椅因为移动而发出响声。如果此刻大家还跑进跑出，教室秩序混乱，必然影响老师上课情绪，从而影响教学效果。

3. 恭迎老师

老师走进教室，班长喊"起立"，声音洪亮而有力。全班同学立即起立，立正站好，向老师鞠躬并行注目礼，等到老师回礼后再坐回自己的位置。

二、上课礼仪

1．上课专心致志

同学们应该专心听讲，积极回答老师提问，认真做好笔记，全身心地投入到学习中去。大家要努力克制自己"多余"的言行，这是尊重老师劳动成果、尊重同学接受教育的权利的表现。

2．接递物品用双手

在课堂上经常会接递试卷、学习资料、书本等，同学们请尽量使用双手。递物与接物力度要适中。

3．录音须征得老师同意

如果你认为老师课上得好，想录音后回家"时而习之"，请一定先征得老师的同意。

4．保持课堂安静

随着生活水平的提高，手机日渐成了同学们学习和交际的必备工具。但有的同学把手机当成了即时玩具，上课发短信、玩游戏、上网……手机污染已经成为课堂上不和谐的一道"风景"。课堂使用手机耽误学习自不必说，实际上已经丧失了对老师和同学起码的尊重。我们应该懂得自律，课堂上自觉关闭手机，遇到可能有事时也可将手机声音模式调成静音、振动。

5．迟到了，悄悄进

如果遇到特殊情况，不得已在老师上课后才进入教室时，应注意礼貌：先在教室门口轻轻叩门或喊"报告"，得到老师允许后，才能进入教室，然后诚实地向老师说明迟到的原因，得到老师谅解后，迅速而轻声地归座。

6．擦黑板前先问问

课间休息的时候，主动为老师擦黑板是有礼貌的表现。但别忘了先征求老师的意见，否则礼貌就变成失礼了。

7．特殊情况可选择默默"走开"

课堂上，为了不影响老师的教学情绪和同学们的正常上课，如果累得哈欠连天甚至打起了瞌睡，或课堂上实在忍不住了需要上卫生间，没有必要让整个教室的人听你跟老师打"报告"，你只要安静地走开就好了。

礼仪小贴士　同学们，如果在听讲时发现老师讲话有误或有不当之处，你也不要马上发表意见，一是避免分散其他同学的注意力，影响教学质量；二是不要当众让老师难堪，这也是为人处世中一个基本的原则。

三、学生请假礼仪

同学们在学校学习时，可能会因为家庭、个人身体等原因而不能按时到校学习，不能参加学校组织的活动，这时就需要向老师请假。有事请假是有组织、有纪律的表现，体现了对老师的尊重，同时也体现了学生的个人素质。

请假的方法有两种：一是写出书面的请假条；二是给老师打电话说明情况，事后补请假条。

1. 学生请假的礼仪要求

必须亲自向老师说明请假理由，征得老师的同意。如因身体原因不能亲自说明，也可让家长代为说明情况。

请假的理由必须真实，不要弄虚作假。

务必事前请假，不能事后再"补假"。

写假条或打电话都要注意用词用语的文明礼貌。

2. 请假条的写法

在页面上部中间写上"请假条"字样，第一行顶格用尊称写上老师的称呼，另起一行空两格写明请假的原因，最后写上敬语和落款。

示例：

请 假 条

×老师：

　　您好！我是×级×班的×××，今天我因×××××不能到校上课，请假一天，请予批准。

　　此致
敬礼

请假人：×××
×年×月×日

少 年 学 养 篇

亲近益友

林 子

汉朝时，有一对好朋友，一个叫管宁，另一个叫华歆。两人非常要好，每天坐在同一张席子上读书。有一天，两人都在埋头读书，突然听到外面很热闹。管宁依然认真读书，而华歆却一下子跳起来去看是怎么回事。原来不知道是哪个达官贵人路过，一群人前呼后拥，排场很大。华歆被吸引住了，问管宁要不要一起去看热闹。管宁拔出随身携带的刀子，一下子就把他们同坐的那张席子割开，也就是说我从今天起不跟你坐一起了。在古代，这样的举动就意味着断交。

管宁跟华歆说："你和我的兴趣和志向都不一样，你太注重那些浮名了。外面的喧嚣和我们有什么关系呢？我们现在应该一心读书。看来，我们不是一类人，断交吧。"后来，两位好朋友果然分开了。

这个小故事告诉同学们这样一个道理：我们应该结交品格高尚、志向高远、为人正直、胸怀坦荡的朋友，远离不良小人，这样才对自身的成长有所裨益。

第十二课 起居饮食礼仪

学生寝室是同学们共同生活的场所，是体现同学们道德修养的一个窗口。在这里生活得怎样，直接影响同学之间的人际关系以及学习状况。生活在校园里的每一名同学，除自觉遵守学校规章外，还应注意起居饮食礼仪。

一、寝室礼仪

同学们应该知道"一屋不扫，何以扫天下"的典故。东汉时期，有个叫陈蕃的读书人，他从小便怀有远大志向，想要干出一番惊天动地的伟业，立志要"扫除天下"。可是，他从来不肯动手打扫家里的卫生，并对做家务事嗤之以鼻。有一天，他父亲的一个朋友来到他家中，看到此番情景，严厉地批评他："一屋不扫，何以扫天下？"陈蕃听后，深感惭愧。

这个故事的后半段虽然未见之于正史记载，但相信这个小故事能给同学们以启示。在校园寝室里，时常会看到这样的景象：地上脏兮兮，床上乱糟糟，东西乱摆放，臭气时袭来，给人留下了不讲卫生、缺乏修养的不好印象。对住校的学生来说，应该将寝室礼仪谨记于心。

同学们要自觉遵守宿舍纪律，团结同学，相互关照，宽以待人，严以律己。不高声谈笑，听收音机、录放机、便携式 CD 播放机、MP3 播放器时，要尽量使用耳机，以免影响别人休息。

爱护寝室环境，不在室内乱钉、乱贴、乱画。要节约用水、用电，爱护各种设备，如无意中损坏公物，要主动承认并自觉赔偿。讲究公共卫生，同学们应做到：保持寝室整洁，每天坚持打扫卫生，定期擦洗地板、橱柜和门窗。换下来的脏衣服、脏鞋袜要及时清洗和晾干，清洗之前不可乱丢，要放在隐蔽的地方。被子叠放要求整齐美观，统一放在指定位置。床上用品要干净整洁，蚊帐用挂钩挂好。毛巾不要与同学毛巾靠在一起，以免相互感染。脸盆、口杯等洗漱用品等各得其所。

做好寝室安全工作，不攀扶栏杆、窗台，不在楼层高处扔杂物和探身下望，不从窗口爬进寝室，不做无意义的游戏和危险的游戏，不带任何有害物品回寝室玩耍。夏天用的电扇、蚊香等要放于安全位置，以免发生安全事故。严禁私接电源和使用超大功率电器，如电炉等。严禁在寝室内烧火取暖、炒菜、做饭。

学生寝室是同学们共同的生活场所，各人生活习惯不同，大家的作息和穿着都比较随便。因此，应在他室同学相邀或在得到他们的许可后，方可去其他寝室串门。进其他寝室后，应主动向室内同学打招呼，未经同意不得动用他人物品。谈笑声音要轻，谈话时间要短，不可坐得太久，以免影响该室其他同学。

礼仪小贴士

没有特殊情况，一般不去异性寝室串门。如有急事需找异性同学，可以托别的异性同学转告或给对方打电话叫该同学出来，在宿舍外面谈话。男女生均不得穿着不雅，在阳台逗留、玩耍。寝室不得留宿他人。

少年学养篇

起居有常

起居有常是指起卧作息和日常生活的各个方面有一定的规律，并合乎自然界和人体的生理常度。它要求人们起居作息、日常生活有规律，这是强身健体、延年益寿的重要原则。

古代养生家认为，人们的身体是否健康与能否合理安排起居作息有着密切的关系。《黄帝内经》说："食饮有节，起居有常，不妄作劳，故能形与神俱。"可见，自古以来，我国人民就非常重视起居有常对人体的保

健作用。人们若能起居有常，合理作息，就能保养神气，使人体精力充沛，生命力旺盛，面色红润而有光泽，目光炯炯，神采奕奕。反之，若起居无常，天长日久则神气衰败，会出现精神萎靡、面色不好、目光呆滞无神等情况。

《黄帝内经》告诫人们，如果"起居无节"，便将"半百而衰也"。就是说，在日常生活中，若起居作息毫无规律，恣意妄行，就会引起早衰以致损伤寿命等情况。葛洪在《抱朴子》中指出："定息失时，伤也。"生活规律被破坏，起居失调，则精神紊乱，脏腑功能损坏，身体各组织器官都可产生疾病。孙思邈说："善摄生者卧起有四时之早晚，兴居有至和之常制。"即根据季节变化和个人的具体情况制定出符合生理需要的作息制度，并养成按时作息的习惯，能使人体的生理功能保持在稳定平衡的良好状态中，这就是起居有常的真谛所在。

学生培养有规律的生活习惯的最好方法是遵守学校制定的生活作息制度，做到每日定时睡眠、定时起床、定时用餐、定时学习、定时锻炼身体、定时排大便、定期洗澡等。把校园生活安排得井井有条，就能精神饱满地学习，对人体健康是大有益处的。

二、睡觉时的礼仪

在集体宿舍就寝应注意以下礼仪：

集体生活的最大特点就是要求集体中的每个成员都能做到统一行动，按时作息，就寝铃声响后立即关灯，停止一切活动，上床睡觉，不躺在床上看书、听音乐，不与同学聊天，不能因个人原因而影响大家休息。上床前要主动关好宿舍门窗，注意安全，上床时动作要轻，尤其是睡在上铺的同学，上床要文明，不影响下铺同学就寝。

晚回宿舍就寝，应轻手轻脚开门、关门、上床睡觉，以免惊醒同室同学。

三、起床后的礼仪

起床后应注意以下几点：

听到铃声迅速起床。一切行动听指挥，睡在上铺的同学要注意安全，小心脚踩空摔下来，脚当然也不能踩到下铺的同学。

整理铺盖，整齐统一。起床后，被子应按统一要求叠放，一般要求叠成方块，放于床尾中央，枕头放在床头，将蚊帐收起来，叠放好，床上不乱放杂物。鞋子应整齐地放在床下摆成一条线，使宿舍整齐美观。

洗漱迅速，礼让三分。洗漱时不要拿错洗漱用具，动作要快，以免影响后面同学洗漱。在洗漱高峰期，要做到"先人后已，礼让三分"，不与同学争水龙头，抢冲洗间。

以礼待人。早晨起床，初见老师和同学时，应主动打招呼，向老师和同学问早。

遵守校规。起床、洗漱、早操、自习、早餐都应严格按照学校规定有序进行。

四、餐饮礼仪

同学们应该从小培养良好的用餐习惯。在学校食堂用餐时，要注意这些礼节：

1. 言行举止得体

同学们要自觉遵守就餐秩序，自觉排队购买饭菜，不奔跑，不拥挤，不追逐打闹，不抢先购买或叫同学代买。遇到领导、老师、长者一同就餐，应主动起立、打招呼、让座。同桌就餐，应先请长者、女士入座。用餐时不要长时间聊天。

要勤俭节约，爱惜粮食，不乱倒饭菜、菜汤。不暴饮暴食，不挑食、不偏食，均衡饮食。

不破坏餐具，不使用一次性餐具。饭后将餐盘端至餐具回收处。

礼貌对待餐厅服务人员，尊重他人劳动，保持餐厅卫生。

2. 养成良好用餐习惯

就餐时，身体要挺直，两脚齐放在地板上。

吃东西的时候手肘最好不要放在桌面上。暂停用餐时，双手可以放在桌面上，手腕底部抵住桌子边缘，或把手搁在双膝上。

用餐间隙，不要敲打餐具，玩弄碟子、筷子、汤匙或杯子等餐具。

少 年 学 养 篇

宴饮之礼

在中国古代，在饭、菜的食用上都有严格的规定，通过饮食礼仪体现等级区别。如王公贵族讲究"牛宜秩，羊宜黍，象直穆，犬宜粱，雁直麦，鱼宜菰，凡君子食恒放焉"。而贫民的日常饭食则以豆饭藿羹为主，"民之所食，大抵豆饭藿羹"。《礼记》曰："礼有以多为贵者：……天子之豆二十有六，诸公十有六，诸侯十有二，上大夫八，下大夫六。"而民间平民的饮食之礼则为"乡饮酒之礼，六十者三豆，七十者四豆，八十者五豆，九十者六豆，所以明养老也"。乡饮酒，是乡人以时会聚饮酒之礼，在这种庆祝会上，最受尊敬的是长者。

古代的许多家庭，少不了以食礼作为家训的训条，教导子孙谨守。明代屠羲英的《童子礼》就提到："凡进馔于尊长，先将几案拂试，然后双手捧食器置于其上，器具必干洁，肴蔬必序列。视尊长所嗜好而频食者，移近其前，尊长命之息，则退立于傍。食毕，则进而撤之。如命之侍食，则揖而就席，食必视尊长所向。未食，不敢先食，将毕，则急毕之，俟其置食器于案，亦随置之。"

礼产生于饮食，同时又严格约束饮食活动。不仅讲求饮食规格，而且连菜肴的摆设也有规则，《礼记》说："凡进食之礼，左肴右胾，食居人之左，羹居人之右，脍炙处外，醯酱处内，葱渫处末，酒浆处右。以脯修置者，左朐右末。"译成现代的文字，就是说，凡是陈设便餐，带骨的菜肴放在左边，切的纯肉放在右边。干的食品菜肴靠着人的左手放，羹汤靠右手放。细切的和烧烤的肉类放远些，醋和酱类放在近处。蒸葱等伴料放在旁边，酒浆等饮料和羹汤放在同一方向。

进餐的过程中，要从容文雅、举止得体，处处为他人考虑，不要只顾自己。《礼记》中曾经提出了餐饮时必须戒绝的十四个"毋"，比如"毋抟饭，毋放饭……毋反鱼肉，毋投与狗骨"等，就是说不要用手搓饭团，不要把多余的饭放进锅中，不要喝得满嘴淋漓，不要吃得啧啧作声，不要啃骨头，不要把咬过的鱼肉又放回盘碗里，不要把肉骨头扔给狗……

主人为了请客人吃一餐丰盛的宴席，往往要忙碌一天，甚至几天。不仅十分辛劳，而且破费颇多。作为客人，一定要尊重主人的劳动，感谢主人的盛情款待。在整个宴会的过程中，客人应该适时地表达感谢。

陪同客人吃饭，主人一定不能先吃完，那样有催促客人快吃之嫌。当客人吃完之后，主人要主动提出为客人加饭，这是为了防止客人由于腼腆没有吃饱就放下了筷子。如果客人说确实已经吃饱，就不必为他添饭，此时主人方才可以放下筷子。食毕，客人应该主动将剩余的饭菜撤除，交给旁边的侍者。此时，主人要起身阻拦，请客人安坐，然后客人坐下。

按照中国的传统，宴会之后要喝茶。喝茶实际上是宴会的继续，主客接着叙旧、谈天，直至兴尽。客人告辞时，应该再次感谢主人的款待，并邀请对方在适当的时候到自家来做客。

第十三课　集体活动礼仪

　　校园生活中，同学们常常要参加很多集体活动，例如升旗仪式、学校集会、文艺演出、体育赛事等。参加这些集体活动时，同学们应该遵守学校规章制度，服从老师安排，听从统一指挥，表现出应有的礼仪修养。

一、图书馆礼仪

　　图书馆是校园文化的重要组成部分，是学生学习的公共场所，是提升学生文化素质的书香圣地。学校图书馆拥有成千上万的馆藏，它是知识的海洋，又是科学的殿堂。同学们可以在这里查阅资料、借阅图书或进行学习。图书馆在丰富同学们知识的同时，也有效地历练着大家的礼仪修养。同学们要遵守图书馆规章制度，做到：轻、静；洁、净；雅、敬。

1. 轻、静

　　保持安静。一个"静"字，被许多图书馆作为警示贴在墙上，也凝练地归纳了图书馆应遵守的礼仪。保持图书馆内的安静，就是要求同学们做事轻手轻脚，说话轻声细语。

　　动作轻缓。步入图书馆，同学们走路要轻，入座起座要轻，翻看书刊要轻。尽量少说话，遇到同学最好以点头微笑的方式打招呼。如果确实需要彼此交换意见，应简洁明快，附耳低语，较长时间的讨论应到室外。在这里，任何人旁若无人地谈笑都是失礼的。

2．洁、净

仪表整洁。图书馆是公共场所，同学们应注意自己的仪表礼仪。清洁面容，梳理头发，会给人留下精神饱满的好印象。洁净双手，以免弄脏书刊。

保持馆内环境的干净。同学们到图书馆要讲究卫生。雨雪天进图书馆时，应注意将雨具放在指定地点，把鞋底的泥水擦干净，以免弄脏图书馆地面。在馆内，不乱扔纸屑，不随地吐痰，不大声咳嗽，不吃零食，不嚼口香糖。同学们离馆时，要把书刊放回原处，把桌椅归位。请带走自己的纸笔，将废弃的纸张扔到垃圾篓或带到馆外扔到垃圾箱内。

礼仪名言录

藏书不难，能看为难；看书不难，能读为难；读书不难，能用为难；用书不难，能记为难。
——[清]张潮

3．雅、敬

举止文雅。进入图书馆，应自觉排队，借还图书时，应双手将书递到工作人员手中，并使用"您好""请""谢谢"等礼貌用语。如果借还书的人很多，要耐心等待，不可催促工作人员，也不可走来走去。不能将公共图书据为己有，不能因自己需要某些资料而损坏图书。不得在书上划线、做标记、折页、写字。

恭敬礼让。图书馆作为公共场所，有空位同学们都可以落座，但不与同学争抢座位，不替同学占座位。如果临时走开，回来时发现座位上坐了别人，不应赶走人家。如果要坐在别人旁边的空位时，应有礼貌地询问旁边是否有人。借书时，如果与同学同时看中同一本图书，不要争夺，可向图书管理员询问有无复本或者别的版本。如果没有，二人应相互谦让，急需者先借，另一人再预约登记。要爱护图书，轻拿、轻翻、轻放。对开架书刊应逐册取阅，不要同时占有多份。阅后立即放回原处，以免影响他人阅读。借阅图书应按期归还，"热门书"更应速看

速还。

二、典礼礼仪

学校举行的典礼一般有开学典礼、毕业典礼、校庆典礼等。

1．开学典礼

新学年或新学期开学之际，学校一般要举行开学典礼。开学典礼是学校的大典，是新学年、新学期开始的标志，全校师生员工都要参加，必要时还可邀请当地党政领导和有关部门负责同志以及家长代表参加。

负责迎宾的同学应仪容大方、仪态端庄，身披礼仪绶带，在校门口及会场出入口迎送来宾和全校师生。

参加开学典礼的学生应遵守典礼礼仪。同学们应身着校服、佩戴校徽（少先队员佩戴红领巾，共青团员佩戴团徽），按班级列队入场，在指定位置就座。入场要迅捷快捷，落座后不交头接耳小声说话，要保证会场气氛庄严肃穆。典礼开始时要认真听从主持人的指挥。听取报告或发言时，要适时报以掌声，掌声应热烈而有节制。唱国歌、校歌和呼号时声音要响亮。典礼结束后应等领导、来宾以及教职员工离场后，在主持人的指挥下按顺序退场。

2．毕业典礼

学生完成学习任务并经过考试成绩合格，就准予毕业，届时学校要举行毕业典礼。全体应届毕业生、学校领导和担任该届教学工作的教师以及学校有关部门负责人应参加毕业典礼。毕业生家长（或家长代表）也应被邀请参加，必要时还可邀请当地有关领导以及本校校友中的知名人士参加。在校学生也可有代表参加。

毕业生应身着校服（有条件的可着毕业生礼服），佩戴校徽，按班级在主席台下就座。

参加毕业典礼的学生，应珍视这一仪式，注意典礼礼仪。在听取发言时应专注，要适时适度鼓掌，以表示感谢或认同。在领取毕业证书时，毕业生要依次上台，双手接过毕业证书并向颁证者鞠躬致谢，接证后转身向台下师生鞠躬致谢，然后稳步走下主席台。颁证过程中，台下的同学应和着欢快的乐曲有节奏地鼓掌。典礼结束后，毕业生不必立即离开会场，应手持毕业证书互相祝贺，向老师、家长表示感谢，还可以随意即景摄影留念。

3．校庆典礼

学校逢五或逢十的校庆可举办校庆活动，其中一项是举行校庆典礼。

校庆典礼一般要广邀该校历届毕业生返校参加。在校学生在校庆典礼中的一项重要工作是担任服务员。全体服务员应统一着装，保持良好的精神面貌，对所有来宾都热情有礼。担当迎宾任务的同学要身披迎宾绶带、面带微笑，躬迎来宾。担当引导任务的同学要谦恭有礼、热情周到。担当接待任务的同学应有礼貌地对来宾进行登记：对老校友，应帮他们在事先准备好的胸牌上填上校友毕业届次和姓名，并帮他们佩戴在胸前；对其他来宾，应备好笔墨并招呼他们在纪念册上签到或题词。

没有参加服务工作的同学参加典礼时，要遵守纪律、服从指挥，也可主动协助做好引导、接待工作。

少　年　学　养　篇

明镜清流
陆枋

孟子说："君子有三乐，而王天下不与存焉。父母俱存，兄弟无故，一乐也；仰不愧于天，俯不怍于人，二乐也；得天下英才而教育之，三乐

也。"教书育人，其实是件轻松而快乐的事。有人把教书育人视作苦事，一想到要言传身教、诲人不倦，就眉头紧蹙，头皮发紧，那其实是因为他没有真正领会其中的乐趣。

《世说新语》里有这么一个故事或许能帮助我们找到教书的乐趣：

晋孝武帝司马曜要讲《孝经》，谢安、谢石兄弟和大家先在自己家学习。车武子因为自己屡次问谢安兄弟，有些不好意思，就对袁羊说："不问则德音有遗，多问则重劳二谢。"（不问呢，怕遗漏了精彩的讲解，问多了呢就怕麻烦谢家兄弟。）袁羊说："不必有这种担心。"车武子问："怎么知道是这样呢？"袁羊说："何尝见明镜疲于屡照，清流惮于惠风？"袁羊的意思是：你什么时候见过明镜因为不断照人而觉得累，清澈的流水害怕被和风吹拂呢？

车武子不懂就问，是个好学生，谢安、谢石的确是好老师，因为他们真正找到了传授知识的乐趣。

是啊，明镜屡照愈明，清风拂流仍清。每一个教师传授知识的过程，其实也是自己知识和思想提升的过程。前苏联著名教育家苏霍姆林斯基说："思想好比火星儿：一颗火星儿会点燃另一颗火星儿。一个深思熟虑的教师和班主任，总是力求在集体中创造一种共同热爱科学和渴求知识的气氛，使智力兴趣成为一些线索，以其真挚的、复杂的关系即思维的相互关系把一个个的学生连接在一起。"师生在一问一答之间思维碰撞，智慧的火花迸溅出让人炫目的光彩，这是一幅多么让人愉快的场景。

明镜如果害怕他人的揽照，它只会日久蒙尘，污浊不堪；清流忌惮惠风的吹拂，它就真成了"一湾死水全无浪"了。如果每一个从教者都能像谢安、谢石那样不疲于"屡照"，不惮于"惠风"，那么他们就不会视教书为苦差，视育人为苦事。相反，在教书育人的过程中还会不断提高自己，升华自己，快乐自然是情理之中的事。

孔子说："默而识之，学而不厌，诲人不倦，何有于我哉？"在孔子看来"默默地增加知识，学习而不知满足，教育学生而不知疲倦，这对我来说有什么难呢"，孔子所谓不难，正是因为他能在教育活动中找到乐趣，他不正是不疲于屡照的明镜、不惮于惠风的清流么？

　　愿我们每一个投身教育事业的人，都能成为明镜、清流，都能真正找到人生的乐事。也愿所有的少年朋友在学习中感受快乐。

三、升降国旗礼仪

　　《中华人民共和国国旗法》第十三条规定：举行升旗仪式时，在国旗升起的过程中，参加者应当面向国旗肃立致敬。按原国家教委《关于施行〈中华人民共和国国旗法〉，严格中小学生升降国旗制度通知》的精神，每星期一的早晨中小学校要举行升旗仪式，重大节日或纪念日也要举行升旗仪式。举行仪式时，在校的全体师生都应该参加。

1．升降旗仪式的程序

　　出旗。旗手持旗　，护旗手在升旗手两侧，齐步走向旗杆，全体师生立正站立。
升旗。奏国歌，唱国歌，师生行注目礼。
国旗下讲话。可由校长、老师、学生或先进人物等作简短而有意义的讲话。
降旗。降旗仪式不限，可由旗手降旗，降旗时应态度恭敬。降旗后要保管好国旗。

2．升旗仪式注意事项

　　升降旗仪式一般在操场或礼堂举行，由于参加者人数众多，又是正规场合，因此要格外注意集会中的礼仪。国旗是一个国家的象征，升国旗是对青少年进行爱国主义教育的一种方式。升旗时，全体学生应列队整齐，面向国旗，肃立致敬。当升国旗、奏国歌时，要立正，脱帽，行注目礼，直至升旗完毕。升旗是一种严肃、庄重的活动，一定要保持安静，切忌自由活动，嘻嘻哈哈或东张西望。

3．奏唱国歌

国歌与国旗一样，都被视为一个国家所拥有的最重要的标志与象征。包括中小学生在内的每一位公民都应当热爱国歌，尊重国歌，并自觉维护其尊严。在唱国歌时，要全体肃立，放声高唱，力求节奏适当，整齐一致。

四、入团和成人宣誓礼仪

1．入团宣誓仪式

入团宣誓仪式是由团组织主持的新团员入团的仪式。参加入团宣誓仪式的新团员，要在团旗下列队肃立。宣誓时右手握拳举于右耳稍高处。读誓词时，要目视团旗，随领誓人齐声宣读，声音要响亮、坚定、有力。在领誓人报"领誓人某某某"之后，宣誓人要依次报"宣誓人某某某"，随后放下右手。

宣誓前或宣誓后要集体合唱团歌。

礼仪小常识

入团誓词

我志愿加入中国共产主义青年团，坚决拥护中国共产党的领导，遵守团的章程，执行团的决议，履行团员义务，严守团的纪律，勤奋学习，积极工作，吃苦在前，享受在后，为共产主义事业而奋斗。

2．成人宣誓仪式

依照《中华人民共和国宪法》，年满十八岁的公民都有选举权和被选举权，这就意味着随着十八岁的到来，学生就是一个成年人了。

1996 年，团中央对十八岁成人仪式活动作出了规范，确认十八岁成人仪式教育活动是一个系统的教育过程，规定了这一教育过程应包括成人预备期教育、成人预备期志愿服务和成人宣誓仪式三个环节，并对宣誓仪式作出规范。成人宣誓仪式的举办地可以是当地举行重要政治性活动的场馆、烈士陵园和具有纪念意义的历史遗迹、遗址等。成人宣誓仪式必须按照规定的程序进行，使用统一的誓词、标志和主题歌曲。举行宣誓仪式的时间可根据实际情况，一般安排在每年的 5 月或 10 月。

参加成人宣誓仪式的同学着装要整齐，可以不穿校服，但服装最好统一。男生可以穿白衬衣，也可着合体的深色西装，穿白衬衣若打领带，则不能挽袖，穿西装则需内穿白衬衣，一定要打领带。女生可着裙装。参加成人宣誓的同学应态度严肃，保证仪式气氛庄重。领誓人应由学校主要领导担任，也可特邀德高望重的英模人物担任。宣誓时要精神饱满，态度严肃，随领誓人齐声宣读，声音洪亮而有力。

礼仪小常识

成人宣誓仪式誓词

我是中华人民共和国公民，在 18 岁成年之际，面对国旗，庄严宣誓：我立志成为有理想、有道德、有文化、有纪律的社会主义公民。遵守宪法和法律，热爱社会主义祖国，拥护中国共产党的领导。正确行使公民权利，积极履行公民义务，自觉遵守社会公德。服务他人，奉献社会；崇尚科学，追求真知；完善人格，强健体魄，为中华民族的富强、民主和文明，艰苦创业，奋斗终生！

五、文艺晚会礼仪

文艺晚会是一项深受同学们欢迎的文娱活动的主要形式，也是学生进行交际、

联谊的主要活动形式之一。参加文艺晚会的同学，无论你是晚会的筹备者还是参与者，都应掌握基本的礼仪规范。

1．晚会的筹备

一场高质量的文艺晚会，要认真策划、精心编排。首先要求参演节目都要有明确的主题和健康的内容，体现出文明、高雅、积极、向上的精神，能让人观后有所收获。

精选节目。一场晚会要举办成功，必须有好的节目。节目形式应该生动活泼、轻松愉快，有新意，令人难以忘怀。确定晚会上演的节目后，要落实专人负责排练、预演，而且要有专人负责检查、督促。

制作节目单。节目单要将晚会上正式演出节目的名称、形式以及演职员的姓名、班级排列出来。有时，还要对节目有一个大致的介绍。凡是有外宾参加的正式晚会，所提供的节目单应用中、英或其他合适语种两种文字编写。

安排场地。演出场地要能够充分发挥演出效果，能够满足所要求的音响和灯光效果，努力保证观众席一人一座。应当对来宾，尤其是贵宾有所照顾，一般应将观看演出的最佳座位留给嘉宾。

2．演员的礼仪

演员要恪尽职守，认真演出。不可以任何借口拒绝登台，更不可故意刁难组织者。演出时要发挥最佳水平，不可哗众取宠。服从演出安排，配合其他演员，互相支持，积极合作。

尊重观众。在登台或下场时，要真情向观众行礼。演出完毕，若观众要求加演，应再次登台，向观众敬礼致谢。若有观众献花，应落落大方，并与献花人握手致谢。演出结束后，全体演员应登台列队谢幕。

3．观众的礼仪

观众的着装应得体，仪态举止应与晚会的氛围相协调。

参加晚会、观看演出应尽量提前进入会场，进场后对号入座。若到场较迟，其他观众已经坐好，应有礼貌地请别人给自己让道。从别人面前经过时，应面向让道者，一边道谢，一边朝前走，而不要背对着人家走过去，尽量不要碰到别人。从礼貌的角度讲，迟到后应自觉地站在剧场后面，等到台上表演告一段落后，再悄然入座。

在剧场观看演出，应将帽子摘下，不摇头晃脑，不交头接耳。应自觉关闭手机，或让其处于静音、振动状态。

在演出过程中，要有礼貌地适时鼓掌。当演到精彩处，应以热烈的掌声为演员喝彩，表示祝贺和谢意。鼓掌要把握好时机，例如，当受欢迎的演员首次出台亮相时应鼓掌；一首动听的歌曲演唱完毕时应鼓掌；演出告一段落时应鼓掌；演出完全结束时应起立，热烈鼓掌。

当节目演出完毕后，不要没完没了地要求演员返场，强人所难。演出结束后，不要在演员谢幕前急匆匆退场，也不要拥到台前围观演员，要秩序井然地离场。

观看演出一般不宜中途退场。如果临时有急事或确实不喜欢演出，应在幕间休息或一个节目结束时离场。

六、体育比赛礼仪

体育运动会，是学校经常组织的重要活动之一。在举行运动会的过程中，运动员和观众都要遵守赛场秩序，遵守有关礼仪。

1．运动员礼仪

运动员应严格遵守体育比赛的有关规定，自觉遵守赛场秩序，不冒名顶替，弄虚作假。

运动员应自觉尊重裁判、服从裁判，即使裁判有误，也应按照有关程序反映，不应在赛场上和裁判争吵。

运动员应充分发挥友谊第一、比赛第二的精神，不论输赢都应把比赛对手当成朋友，还应善待观众，支持记者工作。

2．观众礼仪

同学们在观看比赛时，首先要按时进场，不能随意中途离席。观看比赛时，态度严肃认真、积极热情，为运动员的拼搏精神呐喊助威。精彩的体育比赛振奋人心，同学们可以为自己所喜欢的一方欢呼和呐喊，但是不允许辱骂另一方。如果比赛场面十分精彩，那么不管参赛者或获胜者是本班同学还是其他班级的同学，都应该为其鼓掌加油。

在观看比赛时，起哄、乱叫，鼓倒掌、喝倒彩，向场内扔东西等行为，均属有违体育精神的行为，是没有修养的表现。同学们进入赛场时着装应简洁大方，不宜穿背心、拖鞋入场，更不能光着膀子进场。

要尊重裁判。同学们观看比赛时，务必尊重裁判，正确对待输赢。如果觉得裁判不公，可以按相关程序向有关人员提出，不能谩骂、起哄甚至围攻裁判。

少年学养篇

规 矩

国有国法，家有家规，没有"规矩"不成"方圆"。生活中，也有各种规则，学校有学生法则，道路有交通规则，就连玩也有游戏规则，各种各样的规则约束着我们，让我们在各种环境中有序地生活。

中国的传统文化中，历来把道德规范准则放在教育学生的首位，就是要看这个人懂不懂礼貌、懂不懂怎么做人、懂不懂怎么对待人和事。所以，我们应该从小养成懂规矩、守规则的良好习惯。

不依规矩，不成方圆。宇宙万物，或静或动，或大或小，都有其运行规律。"万事有度，无度则悲"，这个"度"，指的就是规则。

日升日落，月圆月缺，是日月按照一定空间轨道运行的结果；春夏秋冬，四季交替，是大自然按照一定时间轨迹轮转的结果；"飞流直下三千尺，疑是银河落九天"，是"万有引力"作用的结果；生物的生长、发育、繁殖、衰亡过程，是一切生命繁衍生息的必然结果。

风筝之所以能翱翔天空，是因为有丝线的牵引；"鱼翔浅底"游刃有余，是因为有水的浮托；随气候变化而南北迁徙的大雁之所以能飞越千山万水，是因为有严明的纪律与有序的队形；辛勤在外奔忙采蜜的蜜蜂即使来往数百公里也不迷途，是因为工蜂有特殊的飞行规则；车水马龙的公路上，行驶的汽车秩序井然而不会发生碰撞事故，是因为有行之有效的交通规则。

"出淤泥而不染，濯清涟而不妖"是为人处世的上善准则，"退一步海阔天空，忍一句风平浪静"是与人共处的制衡规则，"天网恢恢，疏而不漏"是敲给作奸犯科者的晨钟暮鼓。

世界因规则而美丽，人类因规则而和谐。只有真正领略了规则的内涵，才能洞悉人生的真谛，从而拥有美好的人生。

当代学生应该遵守学校的文明礼仪规范，做讲规则的好学生，做有家教的好孩子，做守法规的小公民。让我们一起播种遵守规则的行为，收获遵守规则的好习惯，让规则开出最美丽的花儿，收获美好的人生！

礼仪小测试

①想一想，我们为什么把自己的老师称为"恩师""严师""良师"，把老师的话称作"教导""教诲"？

②古人说："一日为师，终身为父。"你对这句话怎么看？说出来和大家一起交流。

③组织一次主题班会，同学们广泛开展批评和自我批评，看看我们身边有没有下述不文明现象和行为：有的同学乱扔垃圾，有的同学破坏学校公物，有的同学讲脏话，有

些同学在校园里追逐打闹、推推挤挤，有的同学参加升国旗仪式时站姿歪七扭八，嘻嘻哈哈，校园里、楼梯上甚至教室内到处是食品包装袋、扎眼的纸屑……除此之外还有哪些不恰当言行，也请大家讲一讲，互帮互助，共同改进。

第四单元

家庭礼仪

　　家庭是同学们的第一生活场所，也是同学们生活的温馨港湾。我们在父母和长辈的呵护下成长，无时无刻不感受着家庭的温暖和亲情。良好的家庭氛围需要家庭全体成员共同去营造。作为孩子，同学们自然要懂得并遵守一定的家庭礼仪，为家庭成员和睦相处、身心健康，为和谐家庭建设尽自己最大的努力。

第十四课 亲情礼仪

家庭,离不开亲情,离不开爱,亲情是亲人之间无私的关爱与包容。掌握与父母、亲朋好友相处的礼仪,是每一名学生必备的素养。

一、 百善孝为先

中国是一个文明古国,自古讲求孝道,孔子说:"父母之年,不可不知也。"在我国古代,从启蒙教育开始,人们就把孝道作为教育的主要内容,而且还把民间传说,诸如"王祥卧冰""黄香温席"等二十四孝的故事,编成通俗画册广为宣传。同时还从制度上规定,凡父母辞世,不论地位多高的朝廷命官,都要回家守孝三年,否则不得继续做官。

在我国的传统社会里,敬老是和"孝"的观念紧密联系在一起的。人们敬老,首先就是敬重自己的祖先和父母,在此基础上,"老吾老以及人之老",像尊敬自己家庭里的老人那样去尊敬社会上所有的老人。

毛泽东同志早年投身革命,为了人民大众的解放,历经千辛万苦,无暇探望父母。1919 年,当他得知母亲去世的噩耗时,悲痛万分,写下了感人肺腑的《祭母文》和"春风南岸留晖远,秋雨韶山洒泪多"的挽联。1959 年,他回到阔别31 年的故乡韶山,一大早便独自一人来到父母墓前献花致礼。革命先辈对父母的大忠大孝,带着传统的伦理道德力量,凝聚着五千年的文明血脉。

同学们,反思一下我们自己,是否曾在父母劳累后递过一杯暖茶,在他们生日时寄过一张卡片,在他们失落时奉上一番问候与安慰。对父母来说,这一声问候比什么都好! 世界首富比尔.盖茨接受记者采访,在回答最不能等待的事情是什么时曾这样说:"天下最不能等待的事情莫过于孝敬父母!"

古人认为:"忠臣必出于孝子之门。"一个孝敬父母、品德高尚的人,必定

是一个遵守社会公德和职业道德、忠于祖国的人。从孝出发，才能家和万事兴，才谈得上齐家治国平天下。

"谁言寸草心，报得三春晖。"让我们永怀感恩之心，关爱父母，孝敬父母！

礼仪名言录

曾子曰：大孝尊亲，其次弗辱，其下能养。
——《礼记》

二、孝敬长辈

自古以来，"亲慈子孝"是中国家庭关系的理想模式。平时，同学们对长辈的孝敬，不应该仅仅见诸言词，更重要的是要将其付诸行动。

1．听从教导

当长辈管教自己时，同学们一要虚心听取，二要表示感激，三要知错就改。不要顶撞长辈，不要过分地夸大长辈与晚辈之间的"代沟"，更不要片面地认定长辈都是"守旧""落伍"的"老糊涂"。

同学们要学会从长辈的管教中取长补短，不断进步。对长辈来说，晚辈的点滴进步和取得的成绩，就是对他们最好的安慰和回报。

2．学会沟通

长辈对晚辈倾注了太多的关爱，非常希望能够随时和晚辈保持联系，了解晚辈近况。作为晚辈，要经常主动地和长辈沟通。爷爷奶奶、外公外婆等老年人，比较害怕孤独寂寞，作为晚辈，要经常去探望，如果不方便，也要经常打电话问候。

如果和老人共同居住，则要常常陪老人聊天，主动关心老人的身体和生活，谈谈自己的生活和学习。

作为子女，同学们应当多与父母沟通，及时汇报自己的思想情况。家长了解孩子的想法后，就不会产生不必要的误解和猜疑了。

3．体贴爱护

对同学们而言，对长辈的体贴关爱不仅仅体现在对长辈的物质给予上，更是体现在对长辈的精神帮助上。对待父母，学生应该常怀感恩之心，体谅父母的良苦用心，并在力所能及的范围内帮助父母分担家务。例如，饭后主动洗碗，打扫房间，自己的衣服自己洗等。

在父亲节、母亲节、父母的生日等特殊的日子，同学们可以准备一些小礼物，尤其是自己动手制作的小礼物，向父母表达爱意。在个人生日到来时，应当真诚地向父母表达感恩之情。

随着年龄的增加，长辈的身体越来越衰老，有的行动困难、百病缠身。身为晚辈，同学们应多抽时间同长辈聊天，多说一些开心的事，使长辈感受到生活的阳光，心情舒畅起来。

礼仪名言录

父母之年，不可不知也。一则以喜，一则以惧。
——《论语》

4．回报关爱

亲人间的关爱是维系家庭关系的纽带。面对亲情大爱，同学们应该铭记于心，并在力所能及的范围内回报关爱。

学生要多理解长辈的良苦用心。有时，出于关心，长辈常会对晚辈唠唠叨叨。这时，同学们不能表现出厌烦情绪，不要打断长辈说话，更不要中途走开。面对长辈的唠叨，要礼貌地点头，微笑着耐心听完。

三、友爱同辈

同学们，提起手足之情，大家第一时间想到的就是兄弟姐妹。兄弟姐妹朝夕相处，亲密无间，可谓"手足情深"。我们对待堂表兄弟姐妹也要"情同手足"，时时处处友爱同辈。

1．相互尊重

同学们应注意团结和保护自己的同辈亲人，年龄较大的哥哥姐姐要保护年幼的弟弟妹妹。同学们多为独生子女，经常与堂表兄弟姐妹保持联系，与同辈亲人一起玩耍、学习，会大大缓解孤独感。

与同辈相处时，有时难免会涉及物质利益问题，在遇到这种情况时，一定要互相谦让。同辈之间，要团结有爱，宽厚待人。

礼仪名言录

兄道友，弟道恭。
——《弟子规》

2．彼此爱护

有人会说，兄弟姐妹之间非常熟悉，想说什么就说什么。但是太过随意会在不经意间伤害彼此的自尊心，给亲情带来不利影响。这就要求同学们处理兄弟姐妹关系时也要注意方式方法，以体现对对方最起码的尊重。

兄弟姐妹之间的爱护，应该是无条件且不求任何回报的。对于兄长姐姐的爱护，年幼的弟弟妹妹要领情，尤其是出于爱护而进行的批评，要乐于接受。

四、善于沟通

人际交往，始自沟通。同学们应该主动真诚地和亲人沟通。与亲人交谈是最基本的一种沟通方式。因为交谈对象都是自己最熟悉、对自己最关心的亲人，因此，同学们要勇于表达自己的想法。

1．真诚沟通

"爸爸妈妈"，这是世界上最温暖的字眼，也是我们生命中最亲近的人。可是，不知从何时起，同学们和爸爸妈妈之间开始有了隔阂，有了"代沟"。

随着年龄的增长，同学们和父母的交流越来越少了。这可能是因为家长唠叨多了一些，指责多了一些。尽管对父母的教诲有抵触情绪，但同学们还是应尽力克服烦躁与不安，多与父母沟通。只有通过沟通，才能消除与父母的隔阂。现阶段同学们学习压力很大，减轻压力的最好办法就是找人倾诉，而父母就是最好的倾诉对象。

如果说，生活是一杯飘香的咖啡，那么，沟通便是香浓的咖啡伴侣，能调和出沁人心脾的美味。没有一块冰不会被阳光融化，只要同学们和家长相互理解，彼此尊重，沟通应该是一件简单而快乐的事情。

2．及时汇报

同学们应当及时向父母汇报思想、学习和生活情况，加强与亲人的感情联系。

父母通常最关心的是孩子的学习，同学们应及时向父母报告自己的学习成绩、学习中遇到的困难，以取得父母的理解、支持和必要的帮助。"天下没有不是的父母"，父母即便是一时情急责备两句，也是对孩子爱的表现。同学们不可因为担心父母责备而有意躲着父母，更不能报喜不报忧，甚至以假成绩和作弊来欺骗父母。

如果学习成绩有了退步或遇到了困难，同学们应该及时向父母解释原因并请求帮助。同学们的学习成绩有所下降，并不完全是因为学习方面的问题，也有可能与老师或同学之间的人际交往有关。在这种情况下，同学们应当坦诚地与父母沟通，以得到父母的指点和帮助。如果遭到"校园暴力"或者老师的"冷暴力"，同学们更应该及时告诉家长，请求家长帮助自己维护权益。

3．感恩自强

对于亲人的关爱，同学们一定要常怀感恩之心，经常说一些温暖的话，做一些体贴的举动向亲人表达自己的爱和感谢。对亲人说"我爱你"是表达自己感情最直接、最简单、最温馨的方法，同学们要学会对亲人说"我爱你"。亲人的生日、对家庭有特殊意义的纪念日，同学们更应牢记在心。

同学们要自理自立，自己的事情自己做。学习之余，主动分担家务，为父母分忧。

4．敢于道歉

家庭成员共同生活，难免会发生一些冲突和摩擦。同学们假如做错了事，要勇敢地向亲人道歉，承认错误，检讨自己处理问题的态度，请求亲人原谅。如果确实是亲人做得不好，同学们也不可得理不饶人，应当保持沉默，给亲人冷静和反省的时间。

礼仪故事色

陶母教子

东晋名将陶侃的母亲湛氏，是中国古代一位有名的伟大母亲，她与孟母、欧阳母、岳母一起被尊为中国古代"四大贤母"。

湛氏出生在三国时期吴国的新淦县南市村，在十六岁那年嫁给吴国扬武将军陶丹为妾。生下陶侃没几年，陶丹就去世了，湛氏不得不带着年幼的陶侃回到新淦娘家。母子俩孤苦无依，以纺织为生。

湛氏小时候读过一点书，因此她十分重视对儿子的教育，为了让陶侃学到更多的知识，她日夜不停地纺纱。而陶侃也深知母亲的良苦用心，发奋读书，渐渐地便精通了各种兵法，后来还被举荐做了县令。

在儿子即将上任的时候，湛氏将儿子叫到跟前，语重心长地说："侃儿，我这个做母亲的苦了一辈子，现在总算盼到你有了出息。我希望你能做一个清正廉洁的人，要为民办事，不要误国害民。我准备了一份礼物为你饯行，你到了官府再将它打开。"说着，湛氏递给儿子一个扎好的包袱。

带着母亲送的礼物，陶侃来到了县衙。他小心翼翼地打开包袱，只见里边有一块土、一只旧碗和一块白色的粗布。他先是一愣，随即便明白了母亲的用意。原来那一块土是叫他要永远记得家乡的故土，那只旧碗是叫他不要贪图荣华富贵，而那块白色粗布，则是叫他做官要廉洁自律，恪守本分。

陶侃将母亲的嘱咐深深记在心里，后来成了一名贤能、正直的好官。

第十五课　待客礼仪

孔子说："有朋自远方来，不亦乐乎？"中华民族是一个热情好客的民族，学生继承传统，热情接待客人，令客人有宾至如归之感，是我们应尽的职责。

一、待客之道

古人曾经说过："主雅客来勤。"这个"雅"字，既体现了家庭的文明程度、门风修养，又体现了对待客人应有的态度。善待来客，是中华民族的传统美德。通常说的款待客人，这其中的"款"字，就是热情诚恳的意思。对于来访的客人，不论年长年幼、交往深浅，都应平等对待，热情欢迎。当然，热情也应该有度，如果过于热情，也会令客人局促不安，感到不自在。

接待客人是一门艺术。要令客人满意，主人就须提前做好精心准备。

同学们要注意自己的仪表，衣着不能过于随便，要保持良好的精神状态，真诚、大方地迎接客人。

同学们要做好卫生清洁工作，以干净、整洁的环境迎接客人。在整理自己房间时，可以把不希望来客关注的物品收起来。在客人来访之前，准备好茶水、糖果、点心等。

礼仪名言录

为人子，方少时，
亲师友，习礼仪。
——《三字经》

二、待客有礼

接待客人要热情、大方，要体察客人的需要。

1．迎接问候

对于重要的客人和初次来访的客人，主人在必要时要亲自前去迎接。迎候远道来访的客人，可到机场、车站或其下榻之处恭迎，并事先告知对方。客人一般会在约定的时间到达，作为主人，应该提前到门口去迎接，见到客人后，要亲切热情地与其打招呼，以表示对客人的欢迎。

2．陪客交谈

当客人到来后，同学们尤其应该注意，即便不熟悉或不喜欢来客，也不能躲在自己的房间里不出来，假装自己不在家，或者对客人爱理不理，甚至抛下客人扬长而去，这些都不合待客之道。

对于同学们而言，来访的一般是同学或者好友，可以跟他们谈谈最近的学习或者大家都感兴趣的话题，交流思想感情。

3．热情送别

客人准备离开时，主人应该婉言相留。如果客人执意要走，也要等客人起身之后，主人再站起来相送。

送客时，要把客人送到门口或楼下，并与客人说"再见"，还可以表示"今天见面很愉快""欢迎下次再来"等。如果是十分熟悉的好友，还可表示"下次去你家玩"等。

对同学们而言，如果是同学来家里玩，就不用讲究这么多礼节了，可以随便一些。

三、敬茶礼仪

按照中国传统习俗，家里来了客人，一般要给客人敬茶。敬茶时，要把茶杯放在托盘上，双手递上，茶杯应该放在客人右手上方。如果来访的不止一位客人，第一杯茶应该先敬给德高望重的长者。

敬茶讲究一定的礼节，同学们应该注意：

切忌以旧茶待客。以旧茶待客是很不礼貌的行为。用隔夜茶待客，哪怕是用客人来之前泡好不久的旧茶待客，都会让客人觉得自己不受欢迎、被敷衍。沏茶应沏新茶，不要故意在客人面前说旧茶"倒掉真可惜"之类的话。

待客的茶具要完好。用破损的茶具待客是不礼貌的。茶壶上缺一个口子，茶杯把断了，这样的茶具向客人昭示着主人的应付态度。

倒茶前要洗茶具。茶壶里满是茶垢，茶杯上残留着刺鼻的气味，用这样的茶具喝茶，会令客人大倒胃口。倒茶前不洗茶具，就像接待客人前不洗脸一样，是不恭敬、不礼貌的行为。倒茶前应当着客人的面将茶壶、茶杯洗干净，清洗茶具时不要装模作样走过场，至少应认真地用开水冲洗一遍茶具。清洗后的茶具中不应该沾有残留的洗涤剂和污水。

不可用手抓取茶叶。从品茶的角度讲，用手抓取茶叶会使茶叶失去文化韵味，失去喝茶的境界；从卫生的角度来说，用手抓取茶叶会使茶叶沾染上不纯的气味或不洁的尘垢，影响茶的味道和成色，也影响客人的心情。为客人沏茶时，应该使用专门的瓷勺或竹勺取茶。

敬茶不可满杯。中国有"茶满欺人"的说法，因为茶水倒得太满，水容易溢出来，烫到客人的手，或泼洒到桌上或地上。同时，茶水倒得太满，主人端杯时容易将手指浸泡在茶水中，这是很令人反感的。敬茶满杯不代表大方、热情，反而是失礼的。倒茶时应该避免茶水溅出，敬茶时应用双手或右手递上。

按次序上茶。同时招待长辈和晚辈时，不按次序上茶，客人们会认为主人不懂得长幼尊卑，或者会认为主人刻意对某些人表示不屑，还会使互不熟悉的客人混淆彼此的身份。如果不知道客人的身份、地位，可以按照顺时针方向敬茶。

　　敬茶后要及时添茶。向客人敬茶后，当客人杯中水剩下三分之一左右时，应及时添水；当茶水颜色变淡时，应为客人换新茶。

礼仪小贴士

> 敬茶时，不可用一次性纸杯待客。中国人喝水一般讲究水杯的质地，用一次性纸杯待客显得太敷衍，说明主人对客人的不重视。一般情况下，最好用陶瓷杯子敬茶。就算使用一次性纸杯待客，也应该在茶杯上加上杯托。

礼仪小常识

常用礼貌用语七字诀

与人相见说"您好"　问人姓氏说"贵姓"　问人住址说"府上"
仰慕已久说"久仰"　长期未见说"久违"　求人帮忙说"劳驾"
向人询问说"请问"　请人协助说"费心"　请人解答说"请教"
求人办事说"拜托"　麻烦别人说"打扰"　求人方便说"借光"
请改文章说"斧正"　接受好意说"领情"　求人指点说"赐教"
得人帮助说"谢谢"　祝人健康说"保重"　向人祝贺说"恭喜"
老人年龄说"高寿"　身体不适说"欠安"　看望别人说"拜访"
请人接受说"笑纳"　送人照片说"惠存"　欢迎购买说"惠顾"
希望照顾说"关照"　赞人见解说"高见"　归还物品说"奉还"
请人赴约说"赏光"　对方来信说"惠书"　自己住家说"寒舍"
需要考虑说"斟酌"　无法满足说"抱歉"　请人谅解说"包涵"
言行不妥"对不起"　慰问他人说"辛苦"　迎接客人说"欢迎"
宾客来到说"光临"　等候别人说"恭候"　没能迎接说"失迎"
客人入座说"请坐"　陪伴朋友说"奉陪"　临分别时说"再见"
中途先走说"失陪"　请人勿送说"留步"　送人远行说"平安"

礼仪故事吧

单衣顺母

周朝有个人叫闵损，字子骞，他是个孝顺的孩子。子骞的母亲在他很小的时候就去世了，他的父亲看他可怜，就又娶了一个妻子来照顾子骞。刚开始的时候，后母还很照顾子骞，可是，等她自己生了两个孩子后，就对子骞渐渐冷淡了。

有一年，冬天就要到了，父亲在外面做生意没有回来，子骞的后母给孩子们做棉袄。她给自己的儿子做的棉袄里用的是厚厚的棉絮，而给子骞的棉袄里装得却是芦花絮，虽然看起来很厚，可穿着一点都不暖和。

父亲回来了，叫子骞帮忙拉着车子外出。看到子骞穿的棉袄比后母的两个儿子还厚，父亲很欣慰。外面寒风凛冽，子骞什么也没跟父亲说，默默地忍受着。后来，车的绳子把子骞肩头的布磨破了，棉布里面的芦花絮露了出来。父亲看见了，心疼地抱着子骞哭了："儿子，你受苦了！"回到家里，子骞的父亲愤怒地斥责后母，并要休了她。

子骞的后母非常难过，和两个小弟弟抱头痛哭。于是，子骞跪下来，泪流满面地对父亲说："父亲，如果母亲在的话，就我一个人忍受饥寒。但是，要是你把母亲赶走了，我们三兄弟都要受饥寒啊。求求你让母亲留下吧！"

父亲一听子骞说得有道理，就把后母留了下来。后母看到子骞这样通情达理，非常羞愧。从此，她改正了自己的错误，像对待亲生儿子一样对待子骞，一家人和和美美地生活在了一起。

第十六课　拜访礼仪

一、遵时守约

有约在先，是做客礼仪之中最为重要的一条。同学们拜访他人，一般应提前约定，这样做既体现了个人修养，也体现了对主人的尊敬。

1．约定时间

同学们，当我们决定去拜访某位亲朋好友时，一定要事先打个电话，约定一个合适的时间，以便给对方留够充足的时间做好安排。如果不打招呼就贸然前去，不仅有可能扑空，而且很可能会扰乱别人的生活秩序。若非特殊情况，拜访亲朋好友时一般不应前往他人的工作单位。

同学们预约的时候，要告诉对方到访的人数及身份，双方要尽量避免自己一方出现不受对方欢迎的人物。拜访的人员一经确定，就不要再随意改变，因为对方会针对约定好的对象有所准备，一旦单方面作出更改，就会给对方带来不便。

2．拜访的时间

拜访的时间应该由双方共同确定，并尽量考虑到对方是不是方便。商量拜访的时间主要包括：一是直接到访的具体时间，二是准备停留的时间。同学们一定要优先考虑对方提出的具体时间，对方提出方案时，要尽量给对方多留几种方式以供选择。

拜访时间最好选在下午或晚饭后比较合适。通常情况下，拜访亲友，一般选择节假日进行。约定时间时，应当明确具体时间，便于主人合理安排迎客时间。

主人认为不方便的时间、工作极为忙碌的时间、不宜打扰的凌晨与深夜，以及常规的用餐时间和午休时间，都不宜前往拜访。

3．按时赴约

同学们受邀前去做客时，不要迟到，也不要早到，这是做客的基本礼节。如果已经和对方约好了时间，就应该准时到达，信守自己和对方的约定，不要让对方久久等待。随便失约是很不礼貌的行为。如果突发意外，不能按时赴约，则要尽快打电话通知对方。

二、礼尚往来

礼尚往来是中国传统的礼节。为了沟通、巩固和加深亲朋好友之间的感情，有时需要根据自己的实际情况，接受或者向相关人员赠送礼物，这是社交活动中常见的礼节。礼尚往来能够创造出一种良好的人际关系，增进与亲人、朋友和老师之间的感情。

"千里送鹅毛，礼轻情意重。"对于同学们而言，贵重的礼品不一定就能表达出自己的情意。如何根据送礼的对象挑选礼品，在什么场合下送礼，都是一门学问。

千里送鹅毛

"千里送鹅毛"的故事发生在唐朝。当时，一少数民族的首领为表示对唐王朝的拥戴，派特使缅伯高向唐太宗进贡天鹅。

路过沔阳河时，好心的缅伯高把天鹅从笼子里放出来，想给它洗个澡。

　　不料，天鹅展翅飞向高空。缅伯高忙伸手去捉，只扯得几根鹅毛。缅伯高急得捶胸顿足，号啕大哭。

　　到了长安，缅伯高拜见唐太宗，并献上礼物。唐太宗见是一个精致的绸缎小包，便令人打开，一看是几根鹅毛和一首小诗。诗曰："天鹅贡唐朝，山重路更遥。沔阳河失宝，回纥情难抛。上奉唐天子，请罪缅伯高。物轻情意重，千里送鹅毛。"唐太宗莫名其妙，缅伯高随即讲出事情原委。唐太宗连声说："难能可贵！难能可贵！千里送鹅毛，礼轻情意重！"

　　这个故事体现着送礼之人诚信的可贵美德。今天，人们用"千里送鹅毛"比喻送出的礼物虽轻，但情意却异常浓厚。

1．送礼要恰到好处

　　礼不在轻重厚薄，只要送礼的人诚心实意，受礼者在接受礼品后又能满心欢喜，就算送得恰到好处。送礼一定要选择恰当的时间、地点，送出去的礼品能否被接收、能否达到预期的效果，往往就是由这些因素决定的。

　　在传统节日或纪念日送礼。在春节、端午节、中秋节等传统节日和圣诞节、母亲节、父亲节等西方的节日，亲朋好友之间都可以相互送礼。对于同学们来说，在传统的节日可以带上礼品随父母去长辈家拜访，在西方的节日可以适当送一些小礼品给父母，在教师节可以献上一束鲜花给自己的老师。

　　在喜庆之日送礼。对同学们而言，可以在生日、获奖日或升学日等喜庆之日送礼。

　　与同学惜别时送礼。同窗多年，毕业时各奔东西，这时可以送些礼品留作纪念，以表示友谊天长地久。

　　探视病人时送礼。如果遇到亲朋好友或者老师生病住院，到医院或病人家里探望病人时，可适当选择一些礼品送给病人，祝病人早日康复。

2．礼品的选择

选择礼品不仅能体现出送礼者的情意，还能衡量出送礼者的情趣和智慧。一件让对方满意的礼品，会使受礼者喜出望外。同学们选择礼品时，请注意以下几个方面的问题：

考虑受礼者的需要。最好选择既能让受礼者喜欢，又能融进自己情感的礼物。如果送的礼品对方轻易买不到而且又很喜欢，那么肯定会受到欢迎。送礼要投其所好，不要把自己不喜欢或对方用不着的东西送给对方，也不要一味地认为自己喜欢的东西对方也一定就会喜欢。

要富有创意。选择礼品时要精心构思，最好送有创意的礼品，这样，送出去的礼品才能给对方留下深刻的印象。

考虑个人经济承受能力。同学们尚未经济独立，礼品不宜贵重。贵重的礼品不仅会给自己带来经济压力，也会给对方带来精神负担。当然，选择礼品时，也不要选过时的、商场打折处理的礼品。

礼品选择因人而异。送礼的对象、表达的情感不同，礼品的选择也应该有所区别。同学生日可以送一些小纪念品或者自己做的手工艺品；同学毕业告别时送纪念册；探视病人时送鲜花或滋补品；给外国友人可以送有中国特色的丝织品、景泰蓝等。

3．送礼的禁忌

送礼的礼仪要求十分严格，禁忌也很多，在送礼之前，一定要充分考虑到各种因素，要主动、自觉地注意对方的禁忌。比如，不能送人有害的、低俗的甚至是违法的物品；不要送人带有广告标志的物品。也要注意一些民间习俗，如丧事过后不能补送礼品，不能给老年人送钟等。

礼仪小常识

色彩的礼仪象征

红色：热情、喜庆、光荣、正义、力量

绿色：和平、生命、青春

黑色：庄严、沉稳、朴实、悲痛、死亡

青色：深远、沉着、虔敬

灰色：平凡、朴实、困苦

紫色：高贵、威严、神秘

黄色：和谐、宗教、信仰

蓝色：平静、纯洁、浪漫、爱情

白色：纯洁、朴素、洁净

金银色：富贵、华丽

咖啡色：含蓄

4．送花的礼仪

鲜花是一种高雅的礼品，有着美好吉祥的寓意。赠送鲜花也有一定的礼仪要求。送花一般送一束，如探视病人、拜会朋友等。在特别正式的场合，比如开业典礼、庆祝仪式等，可以送花篮。送花时最好选择时令鲜花，有时也可以送绢花，但不能送塑料花。

礼仪小常识

花的礼仪象征

郁金香象征祝福；菊花象征清静、追思；剑兰象征长寿、康宁；大丽花象征华丽、优雅；莲花象征信仰；紫罗兰象征永恒之美；百合象征顺利、心想事成；玫瑰象征爱情；向日葵象征光辉、忠诚；紫丁香象征羞怯；牡丹象征富贵；雏菊象征活力；含羞草象征害羞；康乃馨象征母亲，我爱您！

三、庆贺场合的礼仪

同学们经常会参加家庭聚会、生日宴会、婚礼等庆典活动，这些庆贺场合均有严格的礼仪要求，同学们切不可任意而为。同学们的着装一般以干净、鲜艳的服饰为首选。在婚礼等较为正式的场合，则应当选择庄重高雅的服饰。遇到重大活动，可向长辈请教。

在语言的使用上要注意场合。在庆贺场合，不妨多说吉利话。祝贺语的具体内容，应因人因事而异，比如，参加家庭聚会，可向主人说"周末好""春节好""身体健康""阖家幸福""事业有成""生意兴隆"等。参加生日宴会，应该对过生日的主角说"生日快乐""心想事成""福如东海""寿比南山"等。参加婚礼，则应该对新婚夫妇说"新婚快乐""白头偕老""美满甜蜜"等。在具体使用祝贺语时，应该对对方的具体情况有所了解，如果不甚了解，可以选择沉默，但一般可以点头或者微笑示意。在举止上，应当端庄活泼，精神状态良好。绝不可无精打采、唉声叹气、愁眉不展；也不要心不在焉、左顾右盼；更不能搞恶作剧，令主人尴尬。

现在，许多同学要举办生日聚会，邀请同学、朋友参加。在准备参加人员名单时，应尽可能邀请更多的朋友。如果只邀请部分同学参加，就不要声张，私下发邮件或短信即可。这样可以避免某些同学认为自己会被邀请，结果却没有收到邀请的尴尬和失落。

四、探望病人的礼仪

当亲人、老师、朋友生病时，同学们前去探望，并表示慰问，这是非常重要的社交活动。人在生病时，更需要别人的关心和安慰，所以同学们应当特别注重礼仪。

　　了解病人病情。在探望病人之前，应先给病人的家属打电话，询问病人的病情，了解病人是否住院、住哪家医院、在哪个病房，什么时候探视比较合适等。

　　选择探视时间。探视时间最好选在上午 10 点至 11 点、下午 4 点至 5 点，或晚上 8 点左右。如果医院规定了探视病人的时间，就应该遵守医院的规章制度。

　　自己动手做礼品。通常情况下，探病的时候可以携带一些鲜花、水果或营养品，还可以根据病人的病情选择适合的礼品。如果探望的是关系十分密切的亲人，可以自己动手制作礼物，比如折纸鹤、幸运星，画一幅有意义的图画，或者自制一张贺卡等。同学们自己动手制作的礼物，往往更能表达对亲人的爱和祝福。

　　举止稳重。探望病人时衣着要素雅，尽量不穿过于时髦、色彩鲜艳的服装，但也不要穿黑色、灰色等颜色凝重的服装，这会使病人感到压抑。进入病房区时，要注意安静，脚步要轻，不要大声喧哗，不要打手机。遇到疾行而过的医务人员或坐在轮椅上、躺在担架上的病人，则要礼让。进入病房后，要向周围的病人点头致意，保持平静、祥和、亲切的表情，不东张西望、不大惊小怪。要体谅病人的心情，无论病人病情如何，都不要忧心忡忡，愁眉苦脸，这会给病人增加压力。如果看到病床周围有点滴瓶、固定架等医疗器具，不可以随便乱动。看到痰盂便桶、血迹脓水等，不要面露厌恶之情，更不能掩住口鼻。探病期间，病人如果有饮水、进食的需求，应该主动帮助病人。

　　交谈慎重。病人一般心事重重、情绪波动大，这就需要理解病人，尽量安慰病人。在与病人谈话时要自然、轻松，让病人相信自己很快就可以康复。可以适当讲一些病人关心的事情，比如学校的近况，同学们的学习、生活情况等。可以适当询问病情，但不要抓住病情死死追问或与别人分析讨论病情。要注意病人的忌讳，尽量回避与疾病有关的话题。在病人尚不知道自己病情严重性的情况下，一定不要走漏病情，就连表情中也不要表露出来，否则不仅会失礼，还很可能造成无法挽回的后果。

　　停留不宜太久。探望病人的时间不宜太久，如果病人身体还没有恢复，那么只需要简单问候和交谈就可以了，千万不要影响病人的休息。如果病人已在病情恢复之中，见到朋友特别高兴，希望和朋友多谈一会儿，那么可以适当地多陪病人一会儿，但也不要逗留太久，半个小时左右就应该起身告辞了。

礼仪小常识

送花的学问

给人过生日时，对老人可送龟背竹、万年青或者寿星草，祝福健康长寿。对青年人可送鲜红的月季花、红的石榴花，祝愿对方前程似锦；勉励对方时，可以送山茶花表示拼搏，送杜鹃花寄寓前程无限，送木棉花象征英雄高洁。送别亲朋时，送芍药表示依依惜别，送万年青象征友谊长存，送红豆意味着相思与怀念。结婚时，适合送颜色鲜艳的花朵，可增添浪漫气氛，表示甜蜜。乔迁时，适合送稳重高贵的花木，如剑兰、玫瑰、盆栽、盆景，表示隆重。探病时，适合送剑兰、玫瑰、兰花，祝福病人早日康复。丧事时，适合送白玫瑰、白菊花或素花，象征惋惜怀念之情。

少 年 学 养 篇

爱的智慧

王魏凌

源远流长的国学文化中充满着"仁者爱人"的崇高理念以及友好、宽容的智慧。《左传》讲了这么一段历史：郑伯做君王时，弟弟举兵造反，母亲也在暗中支持弟弟。事情平息后，郑伯非常生气，把母亲安置到另外一个地方，发誓说："不及黄泉，无相见也。"意思是死了之后，地府才可以相见。可是，郑伯说了这话后，又后悔不应该这样做。

一个叫颖考叔的大臣听到这件事，去给郑伯贡献物品。郑伯赏他吃饭，颖考叔故意把肉留着。郑伯问他为什么，颖考叔回答说："我有母亲，我孝敬给她的食物她都吃过了，就是没有吃过国君的食物，请您让我把食物带回去孝敬母亲。"郑伯看见颖考叔如此有孝心，便带着悔意把自己和母亲的事情说了一遍。颖考叔说："您何必为这件事忧虑呢？您打一条地道和母亲在里面相见，还有哪个大臣说您做得不对呢？"颖考叔的方法既保全了郑伯的面子，又让他和母亲沟通。郑伯采纳了颖考叔的意见，从此，母子二人和好如初。

这里再给同学们讲一个"元觉劝父"的故事。古时候，有个知书达理的少年叫孙元觉，他的父亲很粗暴，对元觉的爷爷很不好，不是嫌爷爷做事动作太慢，就是怨爷爷胃口太好，把家吃穷了。后来，元觉的爷爷生了一场病，再也起不了床，整天都需要人照顾。这下子，父亲更不耐烦了，打算把爷爷扔到深山里去。元觉哭着求父亲不要这样做，父亲却把爷爷放到竹筐里，背起竹筐就往山里走。元觉舍不得爷爷，便紧紧跟在父亲的后面。

到了山里，父亲放下竹筐就要走。元觉拉住父亲说："既然这样，那我们就把竹筐拿回去吧！等您以后老了，我好用它来装您，把您也扔到山里。"父亲听了大吃一惊："我是你爸爸，你怎么能这样做啊？"元觉认真地说："这是您教我的，我怎么能违抗呢？"父亲一下醒悟了，马上改变了主意，把元觉的爷爷又背回了家，并且从此以后对爷爷悉心照顾，还格外尊敬。

这个故事给我们这样的启示：任何人都可能犯错误，即使是自己的父母也不例外。当父母犯错误时，我们做子女的应该帮助父母改正错误；同时，最重要的是给父母指出错误时，态度要诚恳耐心，声音要温柔和蔼，有时还需要开动脑筋，用智慧巧妙地让父母认识到自己的缺点，从而改正错误。

《弟子规》中说："亲有过，谏使更，怡吾色，柔吾声。谏不入，悦复谏，号泣随，挞无怨。"愿承载着爱、孝、仁、恕、礼的国学智慧，能帮助同学们很好地处理家务事。

范张鸡黍

在东汉，有一个叫范式的年轻人，他在京城洛阳的太学里读书的时候，有一个十分要好的朋友，名字叫做张劭。两人经常一起学习，情同手足。在书院学习的这段时间，他们结下了深厚的友谊。

一年春天，两个好朋友一起离开京城，请假回乡。在离别的时候，他们依依不舍。范式说："等过两年，我上京城来的时候，会顺路去拜访你和你的父母，同时也看看你的孩子。"

张劭听了十分开心，回答道："既然如此，不如你现在就把来我家的日期告诉我吧。"

范式听完，想了一下说："好吧，时间就定在九月十五日，你看怎么样？"

"行，那就一言为定！"

"一言为定，决不食言！"

很快，两年时间过去了。一转眼就到了九月十五日。那天，天还没有亮，张劭就起床跑去告诉母亲，说："今天我的好朋友范式要来了，我得好好准备准备，做点好吃的来招待他。"他的母亲一听，便对他说："儿啊，你别傻了，这种约定怎么能当真呢？"可是，张劭却一点也不在意，他开始里里外外地忙了起来，杀鸡煮黍，为好友范式的到来做准备。

张劭的父母见他如此忙碌，便笑着说："你就别忙活了，我看你的那个朋友是不会来的。即使要来，你们分别已经有了两年，路途遥远，未必能准时到达，你又何必忙成这样呢？"可是张劭却回答说：

"范式是一个十分守信、遵守承诺的人，一定不会耽误时间，必定会准时到达。"

"好吧，好吧，既然是这样，那我就帮你去拿酒吧！"母亲听完，故意嘲笑他说。

她的话音刚落，范式便敲门走了进来。

礼仪小测试

①请同学们查找、整理"二十四孝"的故事，举办一个小型讨论会。会上可以先让几名同学分别讲讲"二十四孝"故事，然后大家展开讨论，说说哪些故事是"精华"，今天还可以借鉴和学习，哪些故事应该当作"糟粕"彻底摒弃，为什么。

②现在同学们中间流行互相"过生日"，一些同学为给同学过生日还经常出入高档消费场所，并将这看作同学之间正常的"礼尚往来"，你觉得这样做对吗？为什么？

③有位哲人说过："文明社会的标志应该是：送礼就送书。"谈谈你对这句话的理解。

公共礼仪

同学们，除了学校和社会这"两点一线"外，我们无时无刻不处于"社会"这个广阔天地之中。我们可能出行，我们可能去某地游览，我们可能到超市、商场购物，我们可能会在剧院、音乐厅观看演出，这就需要我们了解一点儿公共礼仪。

第十七课　行路礼仪

一、步行礼仪

步行是同学们平时上学、外出办事、上街购物时不可缺少的生活方式。步行要讲究文明礼貌，出门前应该仔细检查自己的衣着仪表仪态。正确的走路姿势是：抬头挺胸收腹，上体挺直，双肩放松，两臂自然摆动，脚步轻快稳重。走路时目光平视前方，不要东张西望，不要边走边吃。

同学们行路时应当自觉遵守交通规则，服从交警和交通信号灯的指挥。过马路要走人行横道、过街天桥或地下通道，过马路要看红绿灯，不闯红灯，不在马路上任意穿行，不翻越马路中间的交通隔离护栏，不在马路上乱跑乱跳、追逐打闹。同学们要主动给长者、残疾人、孕妇和需要帮助的人让路，尽量不要在马路上行人聚集的地方长时间逗留。

同学们问路时，要礼貌地跟人打招呼，要根据性别、年龄的不同使用尊称，对对方的称呼要得体，用客气的语气询问。在听完对方的回答之后，不管对方的回答是否令你满意，都应该诚恳地向对方表示谢意。遇到有人向自己问路，应该耐心、认真、仔细地回答。如果对方询问的路线自己不熟悉，应该礼貌地向其说明情况并表示歉意。在给陌生人带路时，要注意保护自身安全。

二、骑自行车的礼仪

自行车是同学们使用最多的交通工具。同学们骑自行车上学、放学，如果不讲交通规则，极容易引发交通问题或者造成交通事故。

骑自行车应该在规定的车道上行驶并靠右通行，这是道路交通的最基本规则。

然而，生活中，我们常常能看到这样的情形：一些同学为了方便，不遵守红绿灯规则，抄近道乱走，在机动车道上逆行，随便穿越人行横道或机动车道，与机动车争道抢行，多个同学并排骑车，边骑车边嬉戏打闹……这些行为不仅给同学们的行路安全带来了威胁，而且妨碍了正常的车辆行驶，是必须予以坚决杜绝的。

骑自行车要遵守以下原则：

避让行人。交通规则规定，机动车应该给行人和自行车让路，而自行车应该给行人让路。骑自行车能否礼让行人，是体现骑车人素质的重要标志。同学们骑车时一定要主动避让行人，让在人行道上按交通信号灯正常走路的行人先行，不和行人抢行。

过路口不争不抢。十字路口是各种车辆的汇集点，也是事故高发的危险地带。过路口时，行车人一定要按照信号灯行驶，这是行车的基本礼貌。自行车如果和机动车争抢道路，很容易酿成交通事故，危害骑车人的安全。

不要超速。一些同学喜欢表现自己，常在街上"飞车"，这是非常危险的。车速越快，骑车人遇到突发事件时反应的时间就越短。尤其在路口、人行道等地方，如果骑自行车不减速的话，很容易发生碰撞，酿成事故。

动作规范。一些同学骑自行车时喜欢"耍帅"，比如，双手不扶自行车把，把手插在兜里骑车。这些举动不仅有碍他人，影响恶劣，而且本身十分危险，需要严加杜绝。

穿越道路下车推行。在穿越机动车道和人行道的时候，骑自行车的人一定要下车推着走过，这样既安全，又充分表现了对开车人和行人的尊重。

互谅互让。由于种种原因，现在城市里一些路段存在机动车和非机动车混行的现象，这时同学们应该注意自觉礼让， 避免出现交通拥堵。

礼仪名言录

行不中道，立不中门。
——《礼记》

三、上下扶梯滚梯楼梯的礼仪

如果同学们仔细观察就会发现，在一些客流较多的上下扶梯的站道上画有一道黄线，左边的是急行区，右边的是站立区。不赶时间的人站在站立区，按正常速度上下，有事的人在急行区可以先走一步。同学们要遵守这些基本的扶梯常规。其实，不仅是乘扶梯，乘滚梯、步行上下楼梯时也是如此。当每个人都能够遵守规则靠右行时，实际上也给自己带来了安全，可以避免和他人相撞。遵守规则，上下扶梯、滚梯、楼梯靠右行，是利人又利己的好习惯。

一般情况下，上楼时，应该让年龄大的人走在前面，年龄小的人走在后面。下楼时，让年龄小的人走在前面，年龄大的人走在后面，男性走在前面，女性走在后面。当同学们为人带路上下楼梯时，应该走在前面。

上下楼梯时，前后的人要保持一定距离，尽量不要交谈，更不要站在楼梯上或在楼梯转角处谈话，以免妨碍他人通过。同学们应该有秩序地上下楼梯，不拥不抢不跑不打闹，养成遵守规则的好习惯。

少　年　学　养　篇

礼　让

中国自古是一个礼仪之邦，荀子曰："君子贤而能容罢，知而能容愚，博而能容浅，粹而能容杂。"《礼记》是礼学经典，它从第一篇开始，就用大量的篇幅来谈做人的道理和原则："道德仁义，非礼不成；教训正俗，非礼不备；分争辨讼，非礼不决；君臣、上下、父子、兄弟，非礼不定。宦学事师，非礼不亲；班朝治军，莅官行法，非礼威严不行；祷祠祭祀，供给鬼神，非礼不诚不庄。是以君子恭敬、撙节退让以明礼。"

何为礼让？　礼为礼仪，让为谦让。礼让是一种谦让的礼仪，礼让是一种谦让的美德，礼让是一种高尚人格的体现，礼让会使每个人生活在幸福中，礼让会让世界变得绚丽多彩。

　　人与人之间相互礼让能体现出一个社会的文明程度。在文明社会里，礼让是一种必不可少的高尚品质。礼让会使一个粗俗不堪的人变成一个文质彬彬的人，成为一个高雅的、受人尊敬的人。礼让无处不在，它和你如影随形，它反映着一个人高尚的品质，也可以看出一个人优良的素质。

　　中华上下五千年，有关礼让的故事浸润着一代代的华夏子孙，如古代有"孔融让梨"的故事。今天，在交通安全中，提倡"文明行路，礼让三先"。现在，一些城市的繁华路段，竖着这样的交通宣传牌，上面写着："车让车让出一分秩序，车让人让出一分文明，人让车让出一分安全，人让人让出一分和谐。"这些交通文明宣传语时刻在警醒着路人。

　　最近，一些城市还对公交车做出了规定：不论在有没有红绿灯的路上，遇到行人过马路时，公交车必须停下来礼让行人。如果人们没有礼让的思想，都抱着唯我独尊的想法，不去遵守交通法规，那么，整个社会将会处于无秩序的混乱状态！礼让如同两人相对过一独木桥，一方先让一步，两个人都能顺利过去；互不相让，谁也过不去，要是相互推搡一下，两个人还会同时掉到河里去。

　　礼让体现了一种修养、一种道德。如果每个人心中都存有一分礼让之心，那么我们的社会就会更加和谐与美好！

第十八课　乘车与乘机的礼仪

一、乘坐公共汽车的礼仪

同学们都知道，乘坐公共汽车要排队等候，先下后上，按顺序上车，这是基本的乘车常识。乘车时，仪表要整洁，举止要文明。不能穿背心、拖鞋上车，更不能光着膀子上车。在车上不要随意脱掉鞋子，以免影响他人。不能携带汽油、煤油、酒精、鞭炮、雷管等易燃易爆危险品上车。上车后，同学们要自觉买票、投币或刷卡，要主动往车厢里面走，不要堵在车门口影响乘客上下车。要尊重驾驶员和售票员，需要问询问题时要讲礼貌，得到答复后要说"谢谢"。

在车上，同学们要学会礼让，主动给老、弱、病、残、孕和抱小孩的乘客让座。下雨天要把雨伞、雨衣放好，以免弄湿别人的衣服。要保持公共汽车的卫生清洁，不要在车上吃瓜果、瓜子等零食。快到车站时要提前换到门边，需要别人让路时，要说"对不起""请让一下"等等。必要时可积极主动配合乘务人员维持公共秩序。

由于公共汽车上经常拥挤，尤其是上学和放学的高峰期乘车的同学很多，容易发生彼此之间的摩擦碰撞，这时，同学之间要互相包容，互相体谅。如果被别人踩到了脚，要说"没关系"；如果不小心碰到了别人，则应当礼貌地向别人道歉，说声"对不起"。

二、乘坐火车的礼仪

逢寒暑假或春节、国庆等长假，许多同学选择乘火车回家或外出旅游。这时，大家就要懂得一定乘坐火车的礼仪。

首先要提前了解、学习相关的乘坐火车的礼仪和列车运行知识。由于火车都

是定点发车，且停靠站时间较短，为了不错过火车，一般要提前进站。同学们在候车室候车时，要爱护候车室的公共设施，携带的物品要放在座位下方或前方，不得放在座位上。同学们也不得躺在座位上睡觉，注意保持候车室的卫生。

在检票时要自觉排队，不得拥挤、插队，进入车厢对号入座。在火车上要听从家长或者乘务人员的安排，遇到不懂的问题，可以向乘务员提问。

三、乘坐飞机的礼仪

飞机具有乘坐舒适、服务水准高等特点，因此对乘客的礼仪要求也相应较高。同学们乘坐飞机时要处处以礼律己，以礼待人。

在我国，购买机票和乘机时，需要出示居民身份证或其他有效证件。乘机时，不得违规携带任何可能威胁到飞机安全的物品。每位乘客在登机前和登记时，都要接受例行的安全检查。在接受检查前，应该取出自己身上的金属制品，包括硬币、手机、打火机等。

上飞机后，禁止使用手机、手提电脑、电子游戏机等电子设备，应该在自己的座位上坐好。坐下来后，要注意系好安全带，等待飞机起飞。对乘务人员要礼貌相待，当他们送来报纸、饮料、食物或是得到他们的帮助时，应该诚挚地表示感谢。

上下飞机时，要彼此相让，依次而行，不要拥挤抢道。

四、乘坐地铁的礼仪

地铁作为一种快捷的现代交通工具，给人们出行带来极大的方便。学生在享受地铁带来的方便的同时，也应遵守乘坐地铁的礼仪及规定。

凭票乘车。

遵守规定，不带禁物。

服从车站工作人员的管理，听从工作人员指挥，配合工作人员工作。

注意安全，严守站台规定。

爱护站内车内设施。

保持站内车内环境卫生。

杜绝妨碍地铁运行的行为。

照顾弱者，礼貌让座。

礼仪小贴士　　地铁"十禁"

禁止跳下站台，拦截列车

禁止在站台、大厅、地铁出入口和通道久留

禁止在地铁出入口及车站内存放物品

禁止在站内车内行乞、表演、或销售物品和发放宣传品

禁止损坏、擅自移动安全标志

禁止在非紧急状态下动用紧急装置或安全装置

禁止翻越、毁坏隔离围墙、护栏、护网和闸门

禁止擅自进入轨道线路、隧道等禁止进入的区域

禁止向轨道线路内、列车、机车、维修工程车以及其他设施投掷物品

禁止损害和干扰机电设备、架空电缆和通讯信号系统

五、乘坐电梯的礼仪

1. 进入电梯的次序

同学们陪同长辈或老师来到电梯门前，先按电梯门旁的按钮。轿厢到达、厅门打开时，可先行进入电梯，一只手按住"开门"按钮，另一只手拦住电梯侧门，

礼貌地说"请进"，请长辈或老师进入电梯轿厢。

如果需要等候朋友或同学，可以用手挡住梯门，但等候的时间不宜过长。

2．爱护设施

要爱护电梯内部的设施，如操纵盘、楼层显示器、警铃按钮、摄像头等。按电梯按钮，一次就可以了，不要反复乱按，更不能用脚来代替手。不要在电梯内乱写乱画，乱扔污物，保持电梯内的清洁，确保电梯的使用寿命。

3．互相礼让

进出电梯要遵守秩序，依次而行，彼此谦让，不要相互拥挤。遇到孕妇、老弱病残和抱小孩的人，要给予适当的照顾，让他们先进先出，必要时还要帮扶一把。电梯开动后应注意指示灯显示的楼层数字，如果数字显示已经到达要去的楼层，梯门打开后，应按照由外向里的顺序依次出来，不要抢进抢出。

少 年 学 养 篇

孩子的兜里装满了爱

学校组织同学们六一节去郊游。六一前夜，爸爸妈妈在林林的书包里塞满了各种好吃的东西：水果、薯片、可乐……沉甸甸的一大包。爷爷奶奶还特意买了一套红色的运动服，叮咛他明天一定要穿上。

可是，林林看了看新衣服，就一声不吭走开了。

六一那天，林林没有穿爷爷奶奶送给他的新衣服，因为他一直想要的是一套白色的运动服，虽然爷爷奶奶在六一节将运动服作为礼物送给了他，但他还是觉得有些遗憾——他想要的是一套外国名牌运动服。

在去郊游的路上，林林把他的心事告诉了好朋友铭铭。铭铭听了林林的话后，沉思了一会儿，然后告诉林林："我们的兜里装满了亲人的爱，我们该把这些爱装在心里。别让爱你的人伤心。今天回去，就告诉爷爷奶奶，你也同样爱着他们……"

郊游回来后，铭铭和林林来到了林林爷爷奶奶的家里。林林红着脸道了歉，还给了奶奶一个最深情的吻。铭铭把她妈妈放在书包里的最柔软的绿豆糕送给了林林的爷爷奶奶。看着老人们绽放的笑脸，大家的心里比蜜还甜！

孩子的兜里总是鼓鼓囊囊的，里面装满了爱：亲人的、老师的、同学的、朋友的……这些爱让我们在蜜罐里长大。很多时候，我们只知道一味地索取，却不曾想过：爱是双向的，我们也应该把爱回报给那些爱我们的人。

铭铭和林林都是懂得感恩、知道谦让、学会了分享的好孩子，他们在六一节收获了很多：快乐、友谊、温暖和爱……

亲爱的同学们，在我们的兜里装着爱的同时，也应该学会从兜里掏出爱来奉献给爱你的人。懂得爱、谦让、包容和分享，我们的生活才会更加美好。

第十九课　游览礼仪

学校时常会组织同学们到博物馆（包括展览馆、美术馆、档案馆等，这里以博物馆为例）、动物园、游乐场等场所参加活动，在公共场所，同学们要遵守相关的礼仪规范，保护环境、爱护设施，争做文明游客。

一、参观博物馆的礼仪

博物馆是高雅的文化殿堂，是收藏、展览珍贵物品的场所。博物馆展厅优雅，展品丰富。学生参观博物馆，可以增长知识，提高欣赏水平。博物馆、展览馆和美术馆对馆内环境的要求非常高，对参观者也有一定的要求。参观博物馆应讲究参观礼仪：

文明参观。博物馆气氛高雅，参观博物馆要文明庄重。同学们要自觉遵守博物馆有关规章制度，按顺序边走边看，专心听取讲解员的讲解。参观者不得衣衫不整，甚至穿着背心、短裤、拖鞋进入馆内，也不得一边参观一边吃零食，不宜在一件展品前长时间驻足，以免影响他人欣赏。

保持安静。博物馆和图书馆一样，是一个讲究安静的场所。因此，同学们参观博物馆时不得高谈阔论，遇到不懂的问题可以向讲解员小声请教，但不要问个没完没了。如果你很欣赏某件展品，在不妨碍他人的情况下可以多欣赏一会儿，但在参观过程中一般不要对展品妄加评论。

爱护展品。博物馆陈列的展品都具有较高的历史价值或艺术价值，其中一些还可能是稀世珍品。因此，同学们参观博物馆时一定要爱护展品。绝大多数文物展品因为存世时间较长，本身已经糟朽，随意触摸和攀爬极易使它们损毁，而金属类、织绣类、竹木器等文物展品对温度和湿度有较高要求，触摸展品使汗液滞留在文物展品表面，易使这些文物发生变化，因此，同学们牢记不要随便触摸展品。

礼仪小贴士

博物馆、美术馆、档案馆一般藏品门类丰富，研究价值和社会价值高。有的展品因为材料特殊，强光照射会加速它们的"衰老"，甚至形成永久性的损坏，因此，同学们要尽量不拍照，尤其是不使用闪光灯拍照。

二、游览动物园的礼仪

动物园是同学们喜欢游玩的地方，在这里，大家能与动物亲密接触，也能亲近大自然。同学们在动物园要遵守如下礼仪：

不给动物喂食。给动物园的动物喂食在很多人看来是很有趣的事情，是对动物关爱有加的举动，但这种做法是错误的。随便给动物喂食，可能会导致因动物吃得过多而影响健康，也可能因动物吃的东西腐烂变质或超出它们的食谱范围而引发疾病，还容易导致被动物抓、咬等意外事故发生。同时，给动物喂食增加了工作人员的管理负担。当然，在允许喂食的地方可以给动物喂食，但喂食要有节制。

禁止攀折花草树木。动物园内的花草树木是供游人观赏的，随意攀折是对公共环境的破坏，是不道德的行为。同学们要爱护动物园内的花草树木，凡规定"禁止入内"的区域，则不应该强行进入。不要在绿化带、树林里嬉戏、打闹，不要乱扔垃圾，破坏环境。

不可随意采摘花朵和果实。动物园里的花朵和果实是公共财产，采摘花朵和果实不符合公共场所文明礼仪的要求。随意采摘花朵和果实，容易损伤花草树木，破坏动物园独特的景观，同时给动物园的植物维护增添困难。

三、参加游乐活动的礼仪

平时，学校也会组织同学们到游乐场所游玩，或者到郊外野炊。大家在开心

玩的同时，也要牢记相关文明礼仪规范。

轻松愉快。与上学不同，同学们游园或野炊时，着装应该以轻便、舒适为宜，可以穿简单、大方、富有朝气的服装。参加活动时应忘掉烦恼忧愁，以轻松愉快的心情投入大自然的怀抱。

听从指导。参加游乐项目之前，同学们务必认真、耐心地了解、学习相关游戏规则，确保自己的人身安全。在大型游乐场内，会有一些专业人员对游客提供服务或者给予技术指导，同学们要虚心听从指导，严格按照规范操作。

自觉排队。在游乐场所参加娱乐项目时，同学们要自觉排队，不要一哄而上或插队。

注意安全。同学们不宜擅闯禁区。凡禁止游人前往的地区、水域，都不要冒险前去，更不要擅自从事攀岩、滑翔、蹦极、跳水、跳岩等危险运动。

清理场地。如果在园内野餐，餐罢应及时熄灭火源并将现场的灰烬处理掉。

保护环境。游乐场或野炊地是公共场所，同学们在活动时，要有意识地保护环境。将废弃物自觉地投到垃圾桶里，或者随身带走。对游玩地点的山山水水、花草树木以及公共设施，都要自觉爱护。

少年学养篇

自得其乐

刘 艳

当清晨的阳光又一次点亮校园的时候，我总能看见你们——亲爱的同学们，在阳光下展开最灿烂的笑颜。每当这时，我就为你们感到欣慰，我希望我能是一位魔法师，让你们的每一天都拥有快乐。当然，我不是魔法师，我也没有神奇的魔棒，但是我愿意告诉你们快乐的秘密——自得其乐。

在两千五百多年前，孔子有一个最喜欢的学生叫颜回。他曾经夸奖这个学生说："贤哉，回也！一箪食，一瓢饮，在陋巷。人不堪其忧，回也不改其乐。贤哉，回也！"意思是说颜回家里很穷，缺衣少食，住在非常破烂的小巷子里。这样艰苦的生活对于别人是无法忍受的，但颜回却能够自得其乐。

为什么颜回能守清贫而不改其乐？因为他懂得快乐是一种心态，与贫富无关，只与内心相连。今天，箪食、瓢饮、居陋巷已经成为遥远的历史，但物质丰富的我们是否更快乐呢？答案似乎是否定的。生活的富足并没能让我们的心灵变得更充实、更快乐。所以，亲爱的同学们，快乐的秘密在内心。当你在学习上遇到困难挫折时，当你被父母责骂时，当你被老师误解时，当你与朋友发生矛盾时……千万不要灰心丧气、痛苦消沉，你要知道这些都是成长过程中必须要经历的。人生不可能一帆风顺，只有拥有乐观的生活态度，才能与快乐随行。

也许你会问，怎样才能拥有乐观的生活态度呢？我想，那只有学习吧！让你的心灵更丰富，在知识的海洋里努力汲取，在广袤的世界上尽情探索，在生活的道路上勇敢前行！

有人曾说过这样一句话："一个人心中有什么，他的眼睛看到的就是什么。"如果你把快乐珍藏在心中，那么你会发现快乐无处不在。

第二十课 社会生活礼仪

一、购物的礼仪

到商场或超市购物并非简单地掏钱买东西。一位懂得购物礼仪、讲究文明礼貌的顾客会获得购物的满足感和愉悦心情。

挑选商品不要过于挑剔。选购商品时要细心，但不能过分挑剔。最好不要挑这挑那，试了又试，增加营业员负担，影响其他顾客购物。挑选商品前要先考虑好，尽量避免售货员的无效劳动，肯定不买的商品，不要让营业员拿给你观赏。

互相礼让。在需要排队购物的地方，不能插队，对于老、弱、病、残、孕者要礼让。需要导购提供服务时，应客气地提出要求。手推车要抓稳，不要碰到别人。购物完毕后，应把手推车放回原处。

宽以待人。营业员无意间出现差错应予以谅解，善意提醒。营业员态度不好时要宽容。当购物完毕，离开柜台时，应向营业员道谢，感谢他们的热情服务。

二、入住宾馆的礼仪

假期同学们可能到外地旅游或参加各种夏令营，这时需要入住宾馆。同学们在享受宾馆规范化服务的同时，也应当做一个懂礼仪、有素养的人。

预约宾馆。确定目的地后，最好提前打电话预约宾馆。预约的时候，要告诉宾馆服务员入住的时间、人数，住多长时间，需要什么规格的房间，以及申请住宿人的姓名和电话等，同时要问清房价以及行车路线。一般宾馆都会在一定的时间内保留你的预订，万一你有事不能入住或比预订时间晚得多到达，要及时电话通知宾馆方。

认真登记。到达宾馆后，要尽快出示身份证或学生证，到前台登记办理入住手续。如果前面有正在登记的顾客，应该按顺序排队等候。

文明入住。要遵守宾馆的规章制度。不要随地吐痰，不要在墙上乱画，不要弄脏家具，更不要损坏其他用品。

不妨碍他人。出入自己的房间要轻声关门，没事时不要将房门大开。电视的音量要适中，不可太早或太晚开电视，注意不要影响别人休息。不要站在走廊里交谈，更不要大声说话和吵闹。不要窥视别人的房间。休息时，可以在门外悬挂"请勿打扰"的牌子。

三、观看演出的礼仪

同学们在观看各种类型的演出时，要掌握必要的礼仪，否则可能影响他人观看演出，甚至干扰演出进行。观看演出需要注意以下礼仪规范：

注意着装。同学们观看正式演出，比如欣赏古典歌剧、新年音乐会时，应该穿正装。此时着装的基本要求是：端庄、整洁、文明、大方。不要着浅色衣服出席，因为浅色服饰会分散台上演员的注意力。如果同学们是去电影院，穿着可以随意一些，便装、休闲装都是不错的选择，但不允许穿背心、短裤、拖鞋进入剧场观看演出。

凭票入场。观看演出时，要遵守一人一票、凭票入场的规定。所有演出场所，均不准携带宠物入场。不准未成年人入场的演出，同学们请勿进入。

不得迟到。同学们在观看演出时不得迟到，一旦没有赶上开场演出，就应候至中场休息时再度入场，否则不仅会直接影响演出，而且也会妨碍其他观众欣赏演出。

对号入座。演出的预备铃一响，即应当进入演出厅，对号就坐。专场演出通常把贵宾席留给主人和主要客人，其他客人可排座位，也可自由入座。但不管是谁，都应该对号入座。步入演出厅应不慌不忙，依次而行。走得可以稍微快一些，免得挡道，但是不要奔跑。

交际适度。观看演出时，观众之间免不了要有一定程度的交流，在演出场合进行交际，要遵守有关的礼仪规范。观看演出者一般为亲朋好友或志趣相投者，其交际主要表现为心灵上的沟通，是一种无言的精神上的交流，而不一定非要借助于交谈。如果有话要谈，可在演出开始前、中场休息时或是演出结束后进行。在观赏演出时，不可向他人解说剧情、猜测结局或是发表观感。

维持秩序。演出开始后，任何观众都不宜随意走动，否则就会给其他观众带来不便。不宜拍照摄像，照相机的闪光灯会分散台上演员的注意力，甚至酿成意外事故，同时擅自拍照还涉及演出的版权问题。关闭手机，或令其处于静音、振动状态。不要携带食物、饮料入场。还应注意，不要戴着帽子入场，以防阻挡他人视线。

尊重演员。在观看演出时，一定要对全体演职员的辛勤劳动表示应有的尊重。每逢一个节目终了或一幕结束之后，按照惯例，应当热烈鼓掌。但是鼓掌一定要有分寸，不要在演出进行期间频频鼓掌，甚至掌声经久不息。对于演员的表演和节目有意见，可在演出结束之后通过适当的途径反映，不允许当场有过激的举动，如摔打座椅、站立吼叫、向台上乱掷废弃物，或是中途退场。即使是对此低声议论，发发牢骚，也是非常不礼貌的。

懂得欣赏。欣赏演出是一种有目的的审美活动。对不同内容的演出的欣赏，往往有着不同的侧重点。同学们，要想初步入门，可以学一学"看门道"。首先要学习基础知识。欣赏演出，先是要看得懂它。为此，就要学习与之相关的文艺基础知识。要较为全面地了解这一文艺门类的渊源、流派、代表作和著名表演家及其艺术特色，这样方可鉴古知今。其次要选准欣赏角度。不同的文艺门类、不同的文艺节目、不同的演员表演，自然会有不同的风格与特色。要学会欣赏，就要选好角度，采取适当的方法。比方说，在观看戏剧时，要选择的欣赏角度就有：是欣赏剧情，还是欣赏演技；是欣赏综合表演，还是欣赏某个方面的表演等等。如果贪图面面俱到，就不会有深入的观察与独到的见解。再次要培养审美品位。观看演出，只满足于感官刺激是不足取的，唯有日积月累地培养自己的审美品位，才能使自己通过观看演出真正获得美感和享受。尽管审美品位十分重要，但对自己的审美品位却不可过于张扬。在演出进行期间，动辄发表高论或对演出"横挑鼻子竖挑眼"，则为不当之举。

　　喝彩的礼仪。一般情况下，如果你觉得演出很精彩，但是大家都没有鼓掌时，你要学会控制自己的情绪。听音乐会，有时候情不自禁地跟着音乐节拍哼唱，这会影响别人，令人反感。喝倒彩是很没有礼貌的表现。如果表演让你不满意，也不要与同伴窃窃私语，一定要等演出结束退场后再和同伴对演出进行评价。

礼仪小贴士

观看文艺节目，一般以第七、八排座位为最佳（外国大剧院以包厢为最好）。看电影则十五排前后为好。

少年学养篇

快乐源于心

李春梅

　　从传统的国学智慧来看，快乐源于心。快乐是一种心灵的感受，而不是对身外之物的占有。孔子在《论语》里说："仁者不忧。"意思是说，快乐源于心灵中的仁爱美德。一个人不快乐是因为他没有达到仁者的境界。所以孔子还有句名言："君子坦荡荡，小人常戚戚。"也就是说，君子很快乐，小人注定不快乐。因为小人的人生逻辑是：我的是我的，你的最好也是我的。所以小人老想着算计别人，与此同时他又担心别人算计他，内心总是很紧张，永远体验不到孔子说的"里仁为美"的快乐。可见，快乐是一种德行的快乐，它是以仁为核心的美德。

　　美德为什么是美的？因为它能带给我们一种快乐感、愉悦感、幸福感。

它给我们的心灵一种审美感受。譬如"仁者不忧"的"仁"字，就是一个单人旁加一个"二"字，表达的是"两个人"的文化内涵。我们心中有自己是天经地义的，但是孔子教导我们，一定还要有别人。如果心中没有别人，那你是不可能快乐的。譬如我当老师，我一定离不开学生，所以我必须对学生持一份仁爱之心。

《周易》里说"既济""未济"，也就是说，我们要不断学习和领悟国学的智慧，不要把它看成是终点，它永远只是个起点。这恰恰也是人生的快乐之道，这正是孔子说的"学而时习之，不亦说乎"的快乐。

礼仪故事包

曾参杀猪

曾参，是春秋末期鲁国著名的思想家、儒学家，孔子学生中的七十二贤人之一。他博学多才，德行高尚，十分注重修身养性。

一个晴朗的早晨，曾子的妻子梳洗完毕，换上一身干净整洁的蓝布衣服，准备去集市买一些东西。她出了家门没走多远，儿子就哭喊着从身后撵了上来，吵着闹着要跟着去。孩子年纪小，集市离家又远，带着他很不方便。因此曾子的妻子对儿子说："你回去在家等着，我买了东西一会儿就回来。你不是爱吃猪蹄子、猪肠炖汤吗？我回来以后杀了猪就给你做。"这话倒也灵验，儿子一听，立即安静下来，乖乖地望着妈妈一个人远去。

曾子的妻子从集市回来时，还没跨进家门，就听见院子里捉猪的声音。她进门一看，原来是曾子正准备杀猪给儿子做好吃的。她急忙上前拦住丈夫，说道："家里只养了这几头猪，都是逢年过节时才杀的。你怎么拿我哄孩子的话当真呢？"

曾子说："在小孩面前是不能撒谎的。他们年幼无知，经常从父母那里学习知识，听取教诲。如果我们现在说一些欺骗他的话，等于是教他今后去欺骗别人。虽然做母亲的一时能哄得过孩子，但是过后他知道受了骗，就不会再相信妈妈的话。这样一来，你就很难再教育好自己的孩子了。"

　　曾子的妻子觉得丈夫的话很有道理，于是心悦诚服地帮助曾子杀猪去毛、剔骨切肉。没过多久，曾子的妻子就为儿子做好了一顿丰盛的晚餐。

礼仪小测试

　　①生活中，我们常常可以在公交车站、地铁出入口以及公共场所售票窗口等一些需要排队的地方，看到插队、拥挤、推搡、叫骂等不文明现象，如果你在现场，你会怎么做？从礼仪的角度讲，你觉得应该采取哪些措施才能减少这种现象的发生。

　　②有人说，一旦不文明现象发生在自己身边，处理的秘诀就两个词：一是"忍让"，一是"宽容"。你觉得有道理吗，为什么？

社交礼仪

　　人是生活在社会之中的，社会是一个大舞台，是我们每个人成长的广阔天地。作为新世纪的学子和少年、青年，同学们生活的圈子越来越大，社会交往越来越广泛，掌握一定的社交礼仪是必不可少的。

第二十一课　涉世之初的礼仪

一、和谐相处

有些同学经常为自己不善言谈和交际、性格内向而苦恼。涉世之初，我们有办法使自己的性格变得开朗一些、受人欢迎吗？俗话说："江山易改，秉性难移。"这话其实并不完全对，"难移"并不等于不能移。随着社会的发展、个人交际的扩大和社会实践的增加，同学们的知识面拓宽了，个人的观念、意识以及性格都会产生较大的变化。同学们要树立信心，摆正观念，正确估价自己。不可盛气凌人，也不可妄自菲薄，应该谦虚谨慎、不卑不亢。在性格塑造方面，可以做以下努力：

做受人欢迎的人。遇到烦恼时要有乐观开朗的心态，养成乐天的性格。利用空闲时间做自己喜爱的事，参加不同的活动，扩大交际圈子，增长见识。将日常感受、愿望和梦想写在一本"秘密日记"内，这样不但有助于解除烦恼，还有助于学习如何表露内心感受。我们不能要求自己十全十美，但要注重个人修养。

与人为善。与人交往时，要与人为善、求同存异，和朋友和谐相处。对朋友的态度要谦恭、友善，要常常微笑着同别人交谈、交往。与周围的人要保持友好的关系，对人要热情、周到、细致。

不卑不亢。保持自己的个性，不可一味屈就于人。接纳他人的性格和观点，不可强求改变他人。

理解包容。要学会容忍，克服任性，要尽力理解别人，遇事要设身处地地为别人着想。向朋友叙说你的感受和想法时，应注意分寸，以免出现尴尬局面。不要试图通过贬低别人来抬高自己，不要恶意中伤别人，不要轻言与人断交。

> 敖不可长，欲不可纵，
> 志不可满，乐不可极。
> ——《礼记》

二、热情适度

在与人交往时，同学们应当表现得热情大方。热情会令人感到亲切、温暖，使人产生亲近感。待人热情要做到举止大方，礼节周到，适当赞美。待人热情的人，他人也愿意与之交往，会有较好的人缘。

赞美别人是一种美德。我们赞美别人的时候，别人也会用善意来回报我们。对别人的优点，应该毫不吝惜地赞美。赞美别人应该有感而发，不要言不由衷。赞美别人的时候，应该把话说得自然一些，赞美的语言要根据具体的情况来说，不要千篇一律。

赞美的话要因人而异。对男性，可以称赞他们知识丰富、幽默、有风度；对女性，可以赞美她们温柔、漂亮、善解人意；对老年人，要赞美他们和蔼、慈祥、健康；对小朋友，要赞美他们聪明、懂事、爱学习；等等。

俗话说："过犹不及。"待人热情也需要注意分寸。过分热情反而是一种缺少修养的表现，会让人觉得不够踏实，有些轻浮。热情要以尊重对方为前提，如果对方不愿意接受，却硬要强加于对方，就不是适度合理的热情了。在人际交往中，送些礼品是无可厚非的，但如果礼物过重，会给别人造成一定的心理负担，让人怀疑你别有用心。特别是学生，自己的经济能力有限，更不能因为相互攀比而送人过重的礼物。

同学之间的相互赞美应该恰如其分，发自内心。过分的赞美，会让人觉得你言不由衷，甚至造成你是在讽刺挖苦别人的印象，这样就适得其反了。

礼仪故事

有仁爱的人最美

张国森

国学经典是中华文化瑰宝，它熏陶了一代又一代华夏儿女，处处渗透着美的力量。无论是《诗经》中的"风、雅、颂"，还是《弟子规》里的"泛爱众"，我们从自己民族的优秀文化里，领悟着这样一个道理：有仁爱的人最美。

给同学们讲个小故事：鲁国有个姓秦的臣子，曾因为仁爱之心，把国君猎到的小鹿给放跑了，因此被国君赶出了鲁国。但一年以后，鲁君想给自己的儿子找老师，又派人恭敬地把他请回来。身边的人很不理解国君的做法，国君说：这个人连一只小鹿都不忍心杀死，何况是对人呢？请这样一个心里充满爱的人来教我的儿子，我才能放心啊。

国君通过秦姓臣子对一只动物的爱，看到了他对万物的爱。他希望自己的孩子将来能够成为一名理想的国君，能够爱人民，能够爱万物，因此他把自己的儿子交给这个当年得罪过自己的臣子来教育。

这个故事告诉我们：善良的人才是真正的仁者，有仁爱的人才是最美的。那么，什么样的人才是有仁爱的人呢？"仁者，爱人也"，首先，要有爱心，要怀有一颗仁爱之心，不仅对自己的亲人，对天地万物都应该如此。其次，要具备崇高的思想境界和良好的道德修养，有博爱的情怀，能够克制自己的私欲，依照社会秩序和道德规范要求约束自己。第三，还应该有智慧，有知识，有勇气，有担当，有责任感。

要做一个有仁爱的人，不仅要有想法，更要有具体的行动。不能关在书斋大讲仁义道德，而应该在日常生活中，去努力、去实践。

第二十二课　交谈礼仪

　　语言是人们表达思想感情和进行交流的重要工具。"言为心声"，人们的思想、品德、情操、志趣、文化素养以及人生观等，都可以通过语言交流得到体现。

　　我国是文明古国，先秦的《诗经》《楚辞》，两汉的赋，唐诗、宋词、元曲、明清小说，形成了中华民族深厚的文化积淀。人际交往中，善于使用中华传统文化的雅言，不仅得体，而且有书卷气。

　　我国传统文化中，称呼对方一般不直呼其名，而是称呼对方的字或者雅号，比如仲尼是孔丘的字，孔明是诸葛亮的字，东坡是苏轼的号。今天，虽然大多数人没有了字、号，但不直呼其名的习俗仍然存在，在社交场合，如果与对方不太熟悉，可以称呼对方的职务，比如张部长、李科长等，也可以用一些文雅的称呼来代替，比如"阁下"。

　　同学们应努力提高素质，加强自身文化修养，锻炼培养表达能力。力求做到语言简洁、明快、准确，并尽可能做到生动、流利、词汇丰富、幽默风趣，有感染力；语气和语调要讲究清晰、优美、有节奏，做到文雅、和气、谦逊。

　　要坚决杜绝粗话、脏话等不文明语言和说空话、假话的毛病。一个人如果缺乏语言方面的修养和能力，即使心灵美，也不能准确地表达出来，在人际交往中会遇到很大的障碍。学生要与人进行广泛的接触和交流，在加强道德修养的同时，锻炼自己的语言能力，达到心灵美与语言美的统一。

一、寒暄与敬语

　　音乐始于序曲，交谈起于寒暄。寒暄不仅是一种必不可少的客套，而且可以为交谈做情绪情感的铺垫。敬语不仅可以表现使用者的修养、风度，而且可以促进交谈的友好发展。

1．互相问候温暖人心

问候寒暄是交谈的第一礼仪程序。古人见面时，一般先要寒暄一番，包括问候对方、询问有关情况。比如，初次见面，可以说"久仰久仰""幸会幸会"；询问对方年龄，可以说："请问先生贵庚？"如果对方与自己同年，则可以说"阁下与在下同庚"；准备请人吃饭，可以说"略备菲酌，敬请赏光"；受到对方夸奖，则用"承蒙垂爱""谬承过奖"等词。

在当今社会生活中，常见的寒暄语有：

问候语的内容与日常生活吃、喝、拉、撒、睡有关。例如："您吃了没""您吃好了""还没休息呀"等等。

问候语与问候对象正在进行的活动有关。例如："上学去呀""正在吃饭""您出去呀"等等。这类问候语有明知故问的味道。

问候语意在了解对方的行动目的。如"您干什么去"，对这样的问候，答话者既可如实相告，也可随便答上一句"我出去一下"之类的话。随着时代的发展和人们生活节奏的加快，问候语越来越简捷、抽象。现在，公众场合最常见的问候语只有两个字："您好！"

当然，如果是双方要停下来交谈，问候语也可能比较具体。比如"好久不见，您近来怎样""您走以后，我好想您哟""来这里这么长时间了，还住得惯吗""好久没来，您觉得我们这里有什么变化"等等。

2．使用敬称彬彬有礼

我国古代有许多表示尊敬的敬称。比如称自己的父亲为"家君"，称自己的丈夫为"夫君"，称德高望重的人为"公"。在他人近亲的称谓前加表示美好的字，也是敬称中常见的现象。例如表示美好的"令"字，称对方的父亲为"令尊"、母亲为"令堂"，称对方的兄弟姐妹为"令兄""令弟""令姊""令妹"；称对方的子女为"令郎""令爱""令媛"等；也可以在称谓前加"贤"字，比如称夫妇为"贤伉俪"。

当今品行教育中，有一种训练必不可少，那就是优美、高雅的谈吐。敬语是构成文雅谈吐的重要组成部分，是展示谈话人风度的基本要素之一。

常用敬语主要在以下几个场景使用：

相见道好。人们彼此相见时，开口问候："您好""早上好"。这既向对方传达了尊重、亲切、友好的意思，同时也显示自己有修养、有风度、有礼貌。

由衷道谢。在对方给予帮助、支持、夸奖后，最简洁、及时而有效的回应就是由衷地说一声"谢谢"。

托事道请。有求于人时，多说"请"字，会赢得对方的理解和支持。

失礼道歉。人际交往中，无论多么谨慎，也难免有失礼的时候。但如果能真诚地说一声"对不起""打扰了"，就能使对方趋怒的情绪得到缓解。

生活中还有许多敬语可展现风度，如，拜托语言："请多关照""承蒙关照""拜托"等；慰问语言："辛苦了""您受累了"等；赞赏语言："太好了""真让我高兴"；同情语言："真难为你了""让你受累了"等，挂念语言："您现在还好吗""您心情愉快吗"；祝福语言："一路顺风""一生平安"等等。使用敬语，一定要注意对象、范围和功效，要根据不同的情境，针对不同的对象灵活掌握，既要彬彬有礼，又要不落俗套，才能形成交谈者之间亲切友好的气氛。

礼仪名言录

道德仁义，非礼不成。
——《礼记》

二、谈话的技巧

谈话是语言、表情、手势等各方面参与交流的过程。有效地表述说话内容，有声有色地表现谈话内容，甚至适度地运用幽默语言，可以使交谈更加轻松活泼，说话者表现得更有礼貌和风度。

1．谈话的内容要恰当

在谈话内容的选择方面必须符合礼仪，使对方感到轻松愉快。

话题应尽量避开某些不宜在交谈中出现的事由，如疾病、死亡等。为避免尴尬，一般也不要涉及个人隐私，如出身背景、婚姻状况、财产状况、家庭关系等。确需了解，也应委婉一些。

话题尽量符合交谈双方的年龄、职业、性格、心理等特点。

交谈中对方显得无礼时要宽容克制，不能以牙还牙，出言不逊，恶语伤人，也不可斥责、讥讽对方。最好好言相劝，使对方冷静，或者转移话题，讨论一些轻松的东西，也可暂时终止说话，待对方情绪稳定后再寻找新的话题。

说话中一般不要使用对方不懂的语言，如方言土语或外语。尽量用与对方一致的语言交谈，如果对方讲普通话，就尽量使用普通话与之交谈。

2．语气忌生冷

不要使用伤害性语言。也许我们言者无心，但听者有意，被这种语言刺伤的人，是不会轻易忘记的。所以，我们应该时时检讨自己的谈话方式及语气。当我们恼怒、心绪不宁时，切勿把心情注入语言，让别人记恨。

3．加强文学素养

一个人谈话水平的高低取决于他的文化素养，所以，若想在社交场所出口成章，大放异彩，首先要做的就是加强和提高文化素养。书籍是最基本的"语言营养"，开卷有益，多读书一定能提高谈话水平。

4．使用幽默机智的语言

幽默是机智和聪慧的产物。在言谈中，幽默具有妙不可言的功能，同时也是一种含蓄而充满智慧的境界。幽默使批评变得委婉而有效果，它也往往是紧张气氛的缓冲剂，能使对方摆脱窘境，又能自我解嘲。幽默的人，有一种宽容、豁达的风度。

5．学会礼貌地拒绝对方

交往中，有时会碰到一些较复杂的情况：想拒绝对方，又不想损伤他的自尊心；想吐露内心的真情，又不好意思表达得太直白；既不想说违心的话，又不想直接顶撞对方，要处理这种问题，就要重视培养自己在语言表达上机智应变的能力，要技巧地掌握拒绝的语言，学会说"不"。

从礼仪的角度讲，不提倡用身体姿势等非语言的行为拒绝对方。在用语言交流时，要讲究表达的方式方法，既把拒绝融于情理之中，表明自己的原则和态度，又保护了对方的自尊心和面子，切忌断然拒绝或言不尽意。为了不说"不"而达到"不"的目的，生活中有许多巧妙的做法：比如迂回寓意，抓对方的语病，或偷换概念，反被动为主动等等。

礼仪名言录

礼不逾节，不侵侮，不好狎。

——《礼记》

6．恭维的方法

在与人交往中，适当地恭维与赞美可令对方高兴。说恭维话，最根本的一点是真诚。真诚而恰到好处的恭维，一定可以打动对方的心。若无诚意地胡乱恭维，则只会令人尴尬和反感。

恭维还要有"尺度"，在切合实际的情况下小小地夸张一些倒也不妨，但若是天花乱坠，硬要将一个花甲老人说成"矫健青年"，那只能产生相反的效果。朋友帮你做了件小事，你可以说"谢谢"，但你若夸张地说"你对我恩重如山，我永世不忘"，朋友会怎么想呢？所以，恭维要适可而止，恰到好处，多用、滥用只会令其流于形式和虚伪。

7．多谈对方，少说自己

无论是与新交相会，还是与故友重逢，谈话的"重点"都应放在对方身上，比如："你身体好吗？怎么保养的？""记得你喜欢旅游，最近是不是又到了哪里？讲来听听。"这种问话，一定会勾起对方的谈话兴趣，他讲完之后，自会问"你呢"，这时，你再将自己的状况说出，会令对方记忆深刻。

对于自己，不要说得太多，尤其是有些你自以为很重要其实却很琐碎无聊的事情。要想谈话愉快，不妨在谈话中多用"你"，而少用"我"。

8．委婉地纠正别人的错误

在社交场合，当发现对方言语有误时，该如何纠正呢？

首先要看当时大家的反应。如果大家都没有听出"问题"，而谈话者又谈兴正浓，那么你千万不要急于纠正，可以等谈话结束后再悄悄地指出对方的错误。如果每个人都发现了"问题"却无人敢于纠正，那你可以写一张小纸条传给谈话者，将他的错误写出来告诉他，他自然会懂得如何"自我纠正"。在纠正别人的错误时，切忌采用说教和命令式的口气。温和委婉的态度，才是纠正别人错误的"最好的武器"。

礼仪名言录

寒山问曰："世人轻我、骗我、谤我、欺我、笑我、妒我、辱我、害我，何如？"拾得答曰："我唯有敬他、容他、让他、忍他、随他、避他、不理他，再过几时看他。"

——[清]丁福保

礼仪故事也

张良拜师

古时候，有一个年轻人叫张良。他曾经计划杀掉秦始皇，可是没有成功。为了躲避通缉，他逃到了一个叫"下邳"的地方。

有一天，张良来到了村外的一座桥上。在那里坐着一位白胡子老爷爷。他看见张良，就故意将一只鞋子丢到了桥下。张良见他是一位老人，于是就到桥下帮他拣回了鞋子。可是，刚拣上来，老人又丢了下去。一连三次，张良都毫无怨言地跑到了桥下将老人的鞋子拣了回来。"老爷爷，鞋子给您，可别再丢到桥下去了。"张良说。老爷爷看着他，点了点头："既然你都帮我拣三次鞋了，那现在你就再顺便帮我穿上吧。"张良接过鞋子，跪在地上，帮他穿上。老爷爷高兴极了，站起来笑眯眯地对张良说："孺子可教也！五天之后黎明时分，你到这里来等我吧。"

五天后，天刚亮，张良就来到了桥上。可是，老爷爷早就等在那儿了。他生气地训斥说："跟老人见面你还迟到，岂有此理！五天后再来吧！"说完转身就走了。又过了五天，公鸡刚刚打鸣，张良就匆匆赶到了桥上。可是，他还是比老爷爷来得晚。老爷爷更不高兴了，又让他再过五天来。

　　张良郁闷得不行。五天后，他干脆半夜就来到桥上。等啊等啊，到了三更天，白胡子老爷爷终于来了。看见张良，老爷爷高兴极了。他从袖子里拿出一本书，神秘地说："这是一本奇书，你读了之后，可以成就一番大事业！"说完就飘然而去。

　　张良打开书一看，原来是《太公兵法》。张良高兴极了，他把书拿回家认真地钻研。后来，他成为汉高祖刘邦的高级谋臣，为建立汉朝立下了大功。

第二十三课 通联礼仪

一、电话礼仪

现在，手机、电话的普及率越来越高，人离不开电话，每天要接打大量电话。打电话看起来很容易，对着话筒同对方交谈，觉得和当面交谈一样简单，其实不然，打电话大有讲究，可以说是一门学问，一门艺术。

1．打电话的礼仪

选择适当的通话时间。白天应在 8 点以后，假日最好在 9 点以后，夜间则要在 10 点以前，以免干扰受话人包括对方家中老人或小孩的睡眠。老年人大多数有午睡的习惯，无特殊情况，也不要在中午给老年人打电话。与国外通话，还要注意时差和生活习惯。电话接通后，要询问一下时间是否合适，有无妨碍。

查清对方的电话号码，正确拨号。万一弄错了号码，应向接电话者表示歉意，不要将电话一按了事。拨号以后，如只听铃响，没有人接，应耐心等待片刻，待铃响六七次后再挂断。否则，如对方正巧不在电话机旁，匆匆赶来接时，电话已挂断了，这也是失礼的。

打电话有学问。电话接通以后，首先要清楚地说："您好"或"我是某某，某某在吗""我是某某，麻烦您找某某"，不要直接说"找某某"或"你是某某吗"如果与对方并不熟悉，应说出自己的姓名，这样对方如果愿意与你通话，就自然会作出响应。也可以先问一下对方的号码或单位，然后再报出受话人的姓名。当对方询问姓名时，一般应告诉对方，如果自己不说，反问对方"你是谁"，是很不礼貌的。万一受话人不在，而又不便说出自己的姓名时应该婉转地回答，比如说："我是她的朋友。我明天再打电话来吧。"

通话和善又礼貌。打电话时一定要态度友善、语调温和、讲究礼貌，从而有利于双方的沟通，切不可表现出丝毫的粗鲁和暴躁。

通话和缓清楚。打电话时要讲得缓慢些、清楚些，让对方听得清楚。凡是讲到数字、人名、地名或者关键的名字，最好能重复一遍，或者询问对方是否听清了，然后再往下讲。

善当听众。当对方讲话时，要静静地听，不要随便打断。倾听的同时还应当附和。你若是一直闷不作声或毫无反应，会令人感到你根本没有用心听。

谈话结束后，应该说一声"再见""谢谢"，不可贸然挂断电话。

2．接电话的礼仪

电话铃声响起，应立即接起电话。接电话后开口讲的第一句话应是问候语："您好！"

接电话时不允许出现"你是谁啊"或者"你找谁"等用语。特别不允许一开口就毫不客气地查问对方"你找谁""你是哪儿"，或者"你有什么事"。通话中不得对着话筒打哈欠、吃东西，也不要同时与他人闲聊。

遇上不相识的人打起电话没完，非得让其"适可而止"时，说得应当委婉含蓄，不要让对方难堪。比如，不宜说"你说完了没有？我还有别的事呢"，而应当讲"好吧，我不占用您的时间了"。

接电话时，被找的人如果就在身边，应告诉打电话者"请稍等"，然后立即转交电话。如果对方认错了人，应马上告知对方，不可将错就错，乱开玩笑，更不得因懒于转告而随意向对方说"人不在"，或大声喊叫"某人找某某人"。

通话完毕应让对方先挂断电话。

3．接听手机的礼仪

随着手机的日益普及，手机礼仪越来越受到关注。

注意场合。在一些特定的公共场所，如电影院、音乐厅、会议室、法庭、课堂、

图书馆、实验室等需要保持安静的地方，应将手机关闭或转换到振动档。如在飞机上应关闭手机，以免干扰通信，影响飞行安全。同样，在医院、加油站也应关闭手机。在开启手机时，还应注意周围有无禁止无线电发射的标志。

注意通话方式。在人员较多的场合使用手机时，应侧身通话，降低音调，压低嗓门，让对方能听清楚即可，尽量少用"体势语"，让干扰减少至最低限度。通话时间不宜过长，应该简洁、明了。

在会议中或和别人洽谈时最好把手机关掉，或者调到振动状态。即使用手机接收短信，也要设定成振动状态，不要在别人能注视到你的时候查看短信。

在短信的内容选择和编辑上要文明，不要编辑或转发不健康的短信。

手机在没有使用时，请放在合乎礼仪的常规位置。手机一般是放在随身携带的包里或者上衣的内袋里。

礼仪名言录

礼尚往来，往而不来，非礼也；来而不往，非礼也。

——《礼记》

二、书信礼仪

书信是人们生活中最为普通、最为古老的一种沟通方式，它是父母子女、兄弟姐妹、亲朋好友之间常用的联络感情的应用文体。在传统书信的写作中，素养高的人善于使用典雅、洗练的文字，表达细腻、深刻的情感。

1．书信的基本构成

书信由称谓、正文、敬语、落款及时间四部分组成。

书信的开头是收信人的称谓。传统书信中，称谓之后要缀以表达敬意的词语，例如"台鉴""台甫""大鉴"等，这类词语就是"提称语"。"提称语"中，用于父母的有"膝下""慈鉴""尊鉴"，用于师长的有"函丈""道席"，用于平辈的有"阁下""台鉴""惠鉴"，用于同学的有"砚右""文几"，用于晚辈的有"如晤""如面""青览"，用于女性的有"慧鉴""芳鉴"等。传统书信中，给父母写信，"膝下"一词用得比较多，源自于《孝经》："故亲生之膝下，以养父母日严。"意思是说人幼年时，时时在父母的膝旁，后来转为对父母的尊称。"慈鉴"，古人有严父慈母的说法，所以对他人称父亲为"家严"，母亲为"家慈"，给母亲写信就用"慈鉴"。

这里简要给同学们介绍书信主要的构成和写作方法。

称谓。称谓应在第一行顶格写，后加冒号，以示尊敬。称谓应遵循长幼有序、礼貌待人的原则，选择得体的称呼。

正文。正文是信函的主体。可根据对象和所述内容的不同，灵活地采用不同的文笔和风格。问候语要单独成行，以示礼貌，有"你好""近好""节日好"等，接着询问对方近况和谈与对方有关的情况，以表示对对方的重视和关切，然后回答对方的问题或谈自己的事情和打算，简短地写出自己的希望、意愿或再联系之事。

敬语。写信人在书信结束时向对方表达祝愿、勉慰之情的短语，多用"此致""即颂""顺祝"等词紧接正文末尾。下一行顶格处，用"敬礼""安康"等词与前面呼应。

落款及时间。在信文的最后，写上写信人的姓名和写信日期。署名应写在敬语后另起一行靠右的位置。一般写给长辈或不太熟悉的人，要署上全名以示庄重、严肃。如果写给亲朋好友，可只写名而不写姓。署名后面可酌情加启禀词，对长辈用"奉""拜上"，对同辈用"谨启""上"，对晚辈可什么都不写。

2．信封

信封上应依次写上收信人的邮政编码、地址、姓名及寄信人的邮政编码、地址、姓名。

收信人的邮政编码要填写在信封左上方的方格内，收信人的地址要写得详细

无误，字迹工整清晰。发给机关、团体或单位的信，要先写地址，再写单位名称。收信人的姓名应写在信封的中间，字体要略大一些。在姓名后空二三字处写上"同志""先生""女士"等称呼，后加"收""启""鉴"等字。

寄信人地址、姓名要写在信封下方靠右的地方，并尽量写得详细周全一些。最后填写好寄信人的邮政编码。

3．回复电子邮件的礼仪

随着时代的发展和互联网、多媒体的兴起，人们使用电子邮件进行交流的机会越来越多了，回复电子邮件也有一定的礼仪规范：

及时。收到他人的重要电子邮件后，及时回复对方是必不可少的，理想的回复时间是两小时内。为了节省时间，对于那些优先级的邮件，可集中在一段时间内处理，但一般不要超过 24 小时。如果暂时无法确切回复，也要及时告诉对方：收到了，我们正在处理，一旦有结果就会及时给您答复。

有针对性。当回件答复问题的时候，最好把相关的答案抄到附件中。回复不要太简单，应该对难理解的问题进行必要的阐述，让对方一次性理解，避免反复交流。

字数不要太简短。如果对方发来一大段邮件，你却只回复"是的""对""谢谢""已知道"等字眼，这是很不礼貌的。回复的字数不能太少，起码应该完整全面地表达你的意思。当然，也不宜长篇大论。

少年学养篇

心灵的沟通

张 霞

"暮春者，春服既成，冠者五六人，童子六七人，浴乎沂，风乎舞雩，咏而归。"

——《论语》

换上春天的衣服，携同五六知己和自己的学生，在春日的暖阳中，到河边沐浴，享受春光。躺在斜坡上，看青天白云，绿柳扶风，芳草鲜美，落英缤纷，然后和学生们探讨人生理想，是多么美好的一桩事情啊。

这便是至圣先师——孔子，为我们展示的教育教学情景。细细品读中，我们可以感悟到教育的真谛。在这个情景中，孔子和弟子们席地围坐，不分上下，完全平等。从开场白看，孔子先鼓励学生不要因为老师年纪大而不敢在老师面前大胆地说话，从而将自己定位在一位召集者的角色上。他的语气神态和蔼可亲，完全没有以为师者自居。

我们不妨向孔子取经，从师生平等做起，蹲下身子说话，以朋友的身份对待学生。教学中，互动式的情景最能调动学生发言的积极性和创造性。孔子十分注重这点，他在提出中心议题时，那么自然贴切，循循善诱："你们常说没人了解你，如果有人了解你，自己都能干哪些事呢？"在讨论方式上，主持人孔子提示大家："尔何如？"而没有限定具体题目，没有限制学生的发挥，可谓是一场"自由谈"。这种轻松活跃的课堂气氛，使得性格开朗的子路率先谈了抱负。孔子的微笑虽有评价意味，但只是微笑而已。最后轮到曾皙发言，他因为志趣不同而不敢直言，说"异乎三子者之撰"时，孔子又再次开导说："何伤乎？亦各言志也！"

好个"亦各言志也！"因为每个人的理想不一样，没有高低、贵贱之分，这句话体现出孔子以人为本、因材施教的教育理念，同时，我们从中也可以学习孔子点评学生发言的方法：对于这种仁者见仁、智者见智的问题，要以微笑鼓励回应。

曾皙得到鼓励后，大胆地谈到自己的理想，孔子点头而叹："吾与点也"，指出自己的理想与曾皙相同。此时，孔子完全把自己融入学生之中，仿佛自己也是一名普普通通的学生，在心灵上与学生彻底沟通，为我们树立了师生平等交流的典范。

第二十四课 求职礼仪

同学们都希望自己将来拥有一份不错的工作。求职是学生从学校走向社会所面临的第一次人生考验。求职是一个过程，求职者的求职过程，就是一个"推销"自己的过程。求职者对自身要进行各方面的准备，如心理准备、物质准备等，在主客观条件都比较成熟的情况下参加求职面试。在面试之后恰当的时间里，以适当的方式询问面试的最终结果。

求职是讲求应聘技巧的，也是讲求求职礼仪的。在求职的整个过程中，不同的环节有不同的礼仪要求。求职者的书面表达、口头表达、仪态、行为、举止、穿着打扮是体现求职者素质的窗口，它也将影响求职的最终结果。

一、做好应聘前的准备

1．心理准备

学生在面试时是否具有良好的应聘心理，是面试能否成功的前提。

要了解自己应聘的单位需要什么样的人才、什么样素质的人，做到心中有数。

要做到有的放矢，即全面了解自己，你有什么条件、优势，可以胜任哪项工作。

要克服心理负担，不要把应聘看得过重，患得患失；要克服自卑心理，不要对自己的能力、实力评价过低，否则会影响自己正常水平的发挥；要克服自大心理，认为自己条件、水平优越，过于自信，一旦有挫折，不容易正确看待和接受；要学会放松自己，太强的表现欲和过分地怕在别人面前出丑的心理，也不利于在面试时发挥出最佳水平；要克服从众心理，在舆论或群体的影响下，放弃自己的主见，这样不利于根据自己的实际情况捕捉到适合自己的就业途径；要克服依赖心理，过分依赖学校、老师和家长，一旦失去了他们的帮助，就会因缺乏自主竞争精神而错失良机。

求职者要有主见、有原则。不能因为他人的好恶或急于得到某个职位而改变自己做人做事的原则。不能卑躬屈膝、刻意奉承，也不能贪图虚荣、刚愎自用，应该在人生的艰难旅途中，将自己磨练成堂堂正正的人。

求职者要增强信心，应对自己的学识、特长、能力有一个清醒的认识，相信自己可以战胜目前的困难，最终获得成功。

2．争取良好的第一印象

从外表来说，应做到整体协调，落落大方。不修边幅、我行我素，或过分打扮、摩登时髦，都不符合礼仪要求。适当的衣着配合健康的肌肤、自如的表情，首先会给人良好的整体印象。一般说来，着装以色彩明亮、质地较佳和款式大方为宜。发型能表现你的个性，要洗净梳好，不必涂抹得过于油腻，要除去头屑和头饰中过于闪亮的饰品。面试时，头发以能清楚表现脸部轮廓和露出耳朵为好，不要带不合身份的高档手表、戒指、手镯等饰物。

事先做好应对的准备和修饰，对自己应聘求职是很有帮助的。良好的第一印象，不仅得力于外表的修饰，还有其内在的因素。如高雅的气质、谦和的态度、文明的举止、蓬勃的朝气等等，它是一个人内在修养的自然流露。在求职面谈时，不卑不亢、大方自如、坦荡从容、沉着稳重，就会赢得良好的第一印象。

礼仪名言录

凡人之所以为人者，礼义也。
——《礼记》

二、写好个人简历和求职信

1．写好个人简历

简历是一个人向用人单位说明自己经历时所用的一种实用文体。求职时需要准备的个人简历要求简明、扼要、准确，不能弄虚作假。同时，这份简历是招聘单位了解求职者的最重要的背景材料，所以应该把个人身份、学业、资历、工作、经验、特长等充分表现出来。个人简历的内容包括以下几个方面：

个人基本情况。包括姓名、性别、地址、电话号码、年龄、民族、政治面貌等。

受教育程度。按时间顺序依次列出就读学校的名称，在校时期的主修科目，获得的文凭、学位或学分，取得的荣誉等。

特长和技能。本人所获得的各种技能等级证书（如计算机应用、外语），体育、音乐特长及获得的等级。

从事过的社会活动。在校时参加的军训、专业性实习及其他社会活动的情况。

个人简历要求实事求是，不说假话、空话；内容简洁明确，重点突出，切忌繁琐冗长；书写规范整洁，不出现错别字，最好打印；应聘者的学历证书、专业技术等级证书等材料要详实，可以将复印件附后；个人简历中的文字应与求职信内容保持一致，不要自相矛盾；不用或少用鉴定式评语，措辞客观、准确。

2．写好求职信

求职信也叫自荐信，它带有明显的推销自己的色彩，其目的是让用人单位了解求职者，达到被录用的目的。求职信一般包括应聘的原因、求职者的个人简单材料。材料内容应包括姓名、性别、学历、年龄、能力、专长、爱好、获奖情况等，并写上求职的愿望和要求，留下电话、手机、地址、电子邮箱等联系方式。

怎样写求职信呢？在第一行正中写上"求职信"或"自荐信"等字样；在标

题下一行或标题下两行左起顶格的位置，写上收信方的称谓。如写给单位，要求写出用人单位的全称或规范的简称，不能任意简写；如写给单位领导，则要求在姓名之后写上职务，不能写错称呼。

　　求职信的正文要写清求职的原因、学历、曾经参加过的社会实践及专业实习情况、实习单位评语等，以便使用人单位多方面了解你。在正文中，要突出自身条件与招聘单位要求相一致的地方。在介绍完自己的情况后，还要充分表达你求职的诚恳态度，表达你对谋求该职位的愿望。

　　求职信的结束语主要体现两点：一是希望并请求招聘单位给予答复或面谈机会，二是体现出必不可少的礼貌。落款包括签名和日期两个部分。最后一定要签上本人的姓名，打印稿的签名一定要手写，同时要写上时间。

礼仪名言录

人失礼于我，是人之过，非我之过也，我何必生怒。我失礼于人，则是我之过，而非人之过矣，我安可不自责

——[清] 丁福保

三、面试成功的技巧

　　面试是一门学问，招聘面试的时间通常不会很长，所以参加面试的学生一定要把握好这人生中重要的一关。下面一些面试技巧供你参考。

1. 面试前

　　面试当天要检查所需证件及资料是否齐全，并及早出门，提前到达，熟悉环境。手机关机。不要喝太多水，以免想上洗手间。进入面试前，先做深呼吸，以

减少紧张。

2．面试时

进入面试室时，应轻轻地开关门。走到面试老师面前，先行礼、问好。千万不可看到椅子就一屁股坐下去，应该等对方示意后再坐。坐姿规范，宜将手放在腿上，轻松不拘束。身体微微前倾，表示自己十分专注，不要晃脚、抖脚，浮躁或心不在焉，不要双脚不断交替，显得十分不专心。

站的时候双手自然垂下交叉放置腹部，切勿将双手交叉在胸前或插在口袋中。要正视对方，目光游移闪烁会让对方认为你是不可靠、缺乏稳定性的人。尽可能面带微笑，放松脸部表情。务必留意自己的肢体语言，搓手、握拳、吐舌头或习惯性的转笔、摸头发、敲桌子、弹手指、咬指甲、推眼镜、看手表……都是要避免的动作。

"自我介绍"一般很短，两三分钟就够了，但这第一炮一定要打响。要准确把握自己的特长和优势，并以简朴却给人以强烈印象的语言流畅地表达出来。

每次回答都应耐心等对方问完，并先思考一下，整理好思绪，再从容不迫地回答。即使碰上了有备而来的问题，也千万别因感到"被我猜中了"，就迫不及待地开口。

在对话中，不应打断面试老师的说话，或者抢接话头。这种急躁的态度，很容易干扰他人的思路，或误会他人讲话的意思，是失礼的表现。

当面试老师问你有无问题时，若无疑问，千万别乱发问，以免弄巧成拙。

掌握机会展现最佳的一面，表现出自己就是最好的候选人，让面试老师留下深刻印象。

3．面试后

面试结束后，面带笑容感谢面试老师提供的这次机会。离开房间前不妨有礼貌地询问：多长时间会有结果，以表明你等待这份工作的愿望和信心。然后轻轻将椅子靠上，关上门后离去。离开房间后，应向负责接待的工作人员道别。

少 年 学 养 篇

中山君的得与失

在人与人的相处中，会产生一种"投射心理效应"，正是这种效应，才会产生相互回报的行为，即所谓"士为知己者死，女为悦己者容"。

《战国策》里记载：中山君设宴款待郡邑的士大夫，司马子期也在被请之列。由于未曾分到羊肉羹，司马子期发怒，去到楚国，劝楚王攻打中山。中山君被迫逃走，有两个人拿着戈一直跟着他。中山君回头问道："你们是来干什么的？"

两人回答："臣的父亲有一次饥饿将死，君曾赐给他一壶熟食。臣父临死时说：'中山君若有事变，你们兄弟必须以死相报。'我们遵命，特来以死报君。"

中山君仰面叹息道："给予不在乎多少，在于别人是否相当困厄，施怨不在乎深浅，在于是否伤了别人的心。我因为一杯羊肉羹而亡国，因一壶食而得着两个士人。"

难怪刘玄德会劝其子"勿以恶小而为之，勿以善小而不为"。

在日常生活中，当别人喜欢、关心你时，你就感到高兴，就对其产生好的印象。当对方需要你回报时，储存于你大脑中的美好品格，就被取出来并加于对方身上，你也会以友好的态度、亲切的情感来对待人家。相反，如果人家对你不好，你就会感到不高兴，你对人家就产生坏的印象，然后，把一切坏的品性加在对方身上，使他成为一切都坏的人。这就是因为对方对你不好而产生的"回报"。感情，虽不是商品，也不是货币，但却是一种非常重要的人际关系资源。

第二十五课　涉外礼仪

涉外礼仪是在长期的国际往来中所逐步形成的涉外人员的行为规范。对同学们而言，要学习涉外礼仪，就要掌握涉外礼仪的基本原则，即：求同存异、入乡随俗、不卑不亢和女士优先。

一、求同存异

在涉外交往中，同学们在面对不同国家、不同地区、不同民族的不同风俗习惯时，应当坚持求同存异、遵守国际惯例的原则。

求同，就是要求人们在国际交往中善于回避差异，善于寻求交往双方的共同点；存异，就是要发现差别、承认差别、重视差别，明确多元文化背景下国际交往本身所必然存在的差异性。

同学们在参与涉外交往时，还应当了解有关国际交往的习惯性做法。比如在称呼上，在涉外交往中，对男子一般称先生，对女子称女士。对未婚女子，无论年龄大小，都称小姐。对已婚女子称太太（或夫人）。对国家领导人、部长、大使、将军等官员，一般称"阁下"。君主制国家习惯称国王、王后为"陛下"，称王子、公主、亲王等为"殿下"。对有公、侯、伯、子、男等爵位的人士既可称爵位，也可称"阁下"，一般也称"先生"。

二、入乡随俗

在涉外交往中，不同国家、不同地区、不同民族之间的习俗会有一定的差别。在这种情况下，同学们应本着尊重对方习俗的态度，了解对方所在地区的风俗礼仪。

当代学生有很多机会走出国门，前往其他国家和地区学习、参观、访问和旅游，所以更要认真了解当地的礼仪习俗，尊重其风俗习惯。只有这样，我们在与对方交往时，才能做到彬彬有礼、落落大方、应对自如，迅速地缩短与对方的距离，从而增进相互了解。

赠送外国友人礼物时，应当注意各国不同的送礼习俗：许多国家的人一般不喜欢接受现金或太过贵重的礼品，给外国友人送礼物，不要送那些非常贵重的礼物，最好送给他们一些具有中国特色的礼品，比如筷子、毛笔、中国字画、剪纸、刺绣、丝绸制品等。

在送给外国友人礼物的时候，一般应该当面送给他们。西方人非常重视礼品的包装，并且喜欢在收到礼物时就当面打开看一看，并且会当即表示出对礼物的赞赏与喜爱。

对来自不同国家的朋友，赠送的礼品也应有所不同。如日本人不喜欢在送给他们的礼品包装上扎蝴蝶结，他们认为那样做很不吉利；德国人不会使用白色、棕色或黑色的纸来包装礼品；英国人不喜欢涉及自己私生活的礼品，如香水、肥皂、药品等，巧克力和威士忌等则很适合送英国人；中国人视仙鹤为长寿的象征，但在西方一些国家，如法国，人们不喜欢仙鹤，所以最好不要送给他们有仙鹤图案的物品；向南美洲国家的人送礼，千万不能送刀，因为刀意味着双方之间的关系一刀两断，也不要送给他们手帕，因为手帕总是与眼泪、悲伤联系在一起。

礼仪名言录

礼不妄说人，不辞费。
——《礼记》

三、不卑不亢

在涉外交往中，同学们应坚持不卑不亢的原则，必须意识到：在外国人眼中，我代表着自己的国家，代表着自己的民族，代表着自己所在的学校。所以，在外

国人面前，我既不能表现得畏惧自卑、低三下四，也不要表现得自大狂妄、放肆嚣张。

面对外国人，同学们的言行举止应该堂堂正正、从容得体。自我评价时，不要自我贬低，过分地谦虚和客套，而应该在实事求是的前提下，敢于并且善于对自己进行正面的评价或肯定。

同学们在与外国人交往时，既要热情友好，又要把握好分寸。要知道：自己所做的一切，都必须以不影响对方、不妨碍对方、不给对方增加麻烦、不令对方感到不快、不干涉对方的私生活为底线。

四、女士优先

女士优先指的是在社会交往中，男士应当照顾女士、尊重女士、保护女士。在西方国家，女士优先已经成为一种约定俗成的习惯。是否懂得尊重女士，是评价男士风度与修养的重要标准。在我国，女士优先也逐渐成为衡量当代中国男士素质与水准的标尺，不懂得女士优先，男士就无法成为别人眼中的绅士，无法赢得女性的尊重，也无法赢得那些懂得尊重女性的男士的尊重。

在公共场合和社交场合中，应该讲究女士优先，男士应主动为女性提供帮助，应该礼貌地对待女性。同学们要培养女士优先的意识，并落实到今后的学习、工作中去。

少 年 学 养 篇

少年当自强

揭晓兮

两千六百多年前，中原大地，烟尘弥漫，一队亡命贵族仗剑驾车，仓皇奔驰在广袤的平原上，带队逃亡的正是后来的晋文公重耳。重耳先后流亡戎狄、卫、齐、曹、宋、郑、楚和秦诸国，历经艰难磨练和富贵荣华的诱惑，十九年后最终返回晋国，励精图治，成为"春秋五霸"之一，名垂千古。

《易经》有言："天行健，君子以自强不息。"一个人在遭受打击重创或者获得成功时，很容易失去自我，失去自知之明，失去所追求的理想，因此要战胜自己并不容易。所以《墨子》中强调"君子进不败其志，内究其情；虽杂庸民，终无怨心。彼有自信者也。"意思就是，君子在进取顺利时不因成功、松懈而改变自己的志向，不顺利时也能一样保持进取不败之心。

写到这里，我不禁想到为写出《史记》而宁肯选择屈辱地活着的司马迁，为推翻种族隔离政策奋斗了五十年，在牢狱中度过了漫长的二十七年生涯的南非前总统曼德拉……他们都是"穷且益坚，不坠青云之志"的达人，都是"富贵不能淫，贫贱不能移，威武不能屈"的大丈夫，都是能战胜自我的自强之人，是我们当代少年心向往之的真英雄！

一百多年前，梁启超先生对中国少年寄予无穷期望："今日之责任，不在他人，而全在我少年。少年智则国智，少年富则国富，少年强则国强……"当今少年，生逢盛世，生活优裕，缺少历练，更须牢记前辈嘱托，勇于担当，不避艰险，发愤图强。当中国少年不畏于艰难，不惧于挫败，不惑于得志，不满于既有，真正自立自强之时，中华民族便能巍然立于世界民族之林！

前贤嘱托，永铭心中，长响耳畔！

玉帛化干戈

公元前 592 年，当时的齐国国君齐顷公在朝堂接见来自晋国、鲁国、卫国和曹国的使臣，四位使臣都带来了璧玉、币帛等贵重礼品给齐顷公。献礼的时候，齐顷公向下一看，只见晋国的亚卿郤克是个独眼，鲁国的上

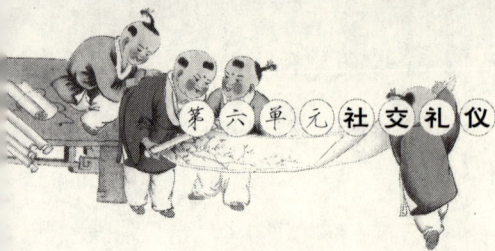

卿季孙行父是个秃头，卫国的上卿孙良夫是个跛脚，而曹国的大夫公子首则是个驼背，不禁暗自发笑：怎么四国的使臣都是有生理缺陷的人？

当晚，齐顷公见到自己的母亲萧夫人，便把白天看到的四个人当笑话说给了萧夫人听，萧夫人一听便乐了，执意要亲眼见识一下。正好第二天是齐顷公设宴招待使臣们的日子，于是便说好，让萧夫人届时躲在帷帐的后面观看。第二天，当四国使臣的车子一起到达，众人依次入厅时，萧夫人掀开帷帐向外望，一看见四个使臣便忍不住大笑起来，她的随从也个个笑得前仰后合。笑声惊动了众使者，当他们弄明白原来是齐顷公为了让母亲寻开心，特意做了这样的安排时，个个怒不可遏，不辞而别。四国使臣约定各自回国请兵伐齐，雪洗在齐国所受的耻辱。晋国的郤克更对着黄河发誓，非报此仇不可。四年后，四国联合起来讨伐齐国，齐国不敌，大败，齐顷公只得忍辱讲和，这便是春秋时著名的"鞌之战"。

礼节在正式的外交场合是极其重要的，玩忽礼仪，只会像齐顷公那样，自食恶果。

礼仪小测试

①俗话说："听话听音。"这里有一个例子，甲和乙要表达同一个意思，我们来看看哪种表达更容易被人接受：

甲：你不要再啰嗦了！

乙：你的意思我已经明白了。

甲：这件事如何办，我限你一天之内拿出意见来！

乙：关于这件事，我希望一天之内可以得到你的意见。

甲：你觉得这样不好，那你说出更好的来！说呀！

乙：这样也许不是最好，但我实在想不出更好的办法来，也许你有？

试想一下，如果和甲、乙谈话的正是你，就甲、乙不同的说话方式，你会如何应对？甲、乙各自的谈话会有什么不同的效果？

②在公共汽车上，一个姑娘不小心踩了小伙子一脚，姑娘神色紧张，连忙道歉："对不起，我踩了你！"小伙子风趣地回答："不，是我的脚放错了地方。"有人认为小伙子的回答是一种幽默和机智，你这样认为吗？你觉得小伙子的回答会起到什么样的效果？如果你是那个小伙子，你会像他那样回答吗？为什么？

③谈谈你对下面这句话的理解：

播下一个信念，收获一种行为；播下一种行为，收获一种习惯；播下一种习惯，收获一种性格；播下一种性格，收获一种命运。